Y Tuduriaid yng Nghymru

gan Walter Jones
a Nigel Williams

GWASG

UWIC

PRESS

Cyhoeddwyd gan Wasg UWIC, APCC, Caerdydd CF23 6XD
e-bost cgrove@uwic.co.uk

ISBN 1-902724-24-0

Ymchwil a gwybodaeth gefndir gan Walter Jones a Nigel Williams
Gweithgareddau a chanlyniadau dysgu gan Jennifer Davies
Ymchwil lluniau a ffynonellau gan Gwenda Lloyd Wallace
Dylunio gan Andy Dark
Cyfieithwyd gan Siân Edwards
Argraffwyd gan Traxdata Wales Cyf.

Comisiynwyd gyda chymorth ariannol Awdurdod Cymwysterau, Cwricwlwm ac Asesu Cymru (ACCAC).

Diolchiadau

Carai'r cyhoeddwyr ddiolch i bawb a roddodd ganiatâd i atgynhyrchu deunydd hawlfraint yn y pecyn hwn.

Cerdyn 1: Cyngor Swydd Gaerlŷr; Bwrdd Croeso Cymru; Holburne Museum and Crafts Study Centre, Caerfaddon; trwy garedigrwydd y National Portrait Gallery, Llundain; Graham Turner. **Cerdyn 2**: P.S. Jones; Gareth B. Thomas F.R.P.S.; Gerald Acton. **Cerdyn 3** CADW: Welsh Historic Monuments. Crown Copyright; Casgliad Preifat. **Cerdyn 4**: Llyfrgell Genedlaethol Cymru; Margaret Davies yn *Looking at Welsh History*, A.J. Roderick, A & C Black. **Cerdyn 5**: CADW: Welsh Historic Monuments. Crown Copyright; Darluniad gan Dale Evans ar gyfer CADW: Welsh Historic Monuments, o ddarlun gwreiddiol trwy garedigrwydd y Comisiwn Brenhinol ar Henebion Cymru. Hawlfraint Coron Prydain. **Cerdyn 6**: Amgueddfa Genedlaethol Cymru; Eglwys Abadol Santes Fair y Forwyn (Abaty Margam), Margam. **Cerdyn 7**: Geraint Wyn Jones L.R.P.S./Guildhall Library, City of London Libraries and Art Galleries; trwy garedigrwydd y National Portrait Gallery, Llundain. **Cerdyn 8**: CADW: Welsh Historic Monuments. Crown Copyright; Bwrdd Croeso Cymru; Llyfrgell Luniau'r Ymddiriedolaeth Genedlaethol/Matthew Antrobus; Eiddo Edward Harley Ysw.; Guildhall Library, City of London Libraries and Art Galleries. **Cerdyn 9**: CADW: Welsh Historic Monuments. Crown Copyright; Yr Ymddiriedolaeth Genedlaethol; Castell Gwydir; **Cerdyn 10**: Amgueddfa Werin Cymru; yn seiliedig ar Archifau Profebion Llandaf LL/1614 ac LL/1639; Hawlfraint Coron Prydain: Comisiwn Brenhinol ar Henebion Cymru. **Cerdyn 11**: Ian Ward; Amgueddfa Werin Cymru; Hawlfraint Coron Prydain: Comisiwn Brenhinol Henebion Cymru. **Cerdyn 12**: Llyfrgell Genedlaethol Cymru. **Cerdyn 13**: The Fotomas Index; Gwenda Lloyd Wallace; © Hawlfraint yr Amgueddfa Brydeinig; *The Story of Our Police*, Y Swyddfa Gartref a'r Swyddfa Hysbyswrydd Ganolog, 1976. Atgynhyrchir hawlfraint y Goron trwy ganiatâd Rheolwr Llyfrfa Ei Mawrhydi. **Cerdyn 14**: Amgueddfa Werin Cymru. **Cerdyn 15**: Trwy ganiatâd y Llyfrgell Brydeinig (ADD.19720 f305 min); Hulton Getty (rhan o Getty Images); trwy ganiatâd Iarll Caerlŷr ac Ymddiriedolwyr Ystad Holkham. **Cerdyn 16**: CADW: Welsh Historic Monuments. Crown Copyright; Yr Ymddiriedolaeth Genedlaethol; Amgueddfa Werin Cymru; English Heritage. **Cerdyn 17**: Hulton Getty (rhan o Getty Images); Mary Evans Picture Library; Mansell/Time Inc./Katz; trwy ganiatâd caredig BBC Wales ac Element Productions Ltd. **Cerdyn 18**: Adran Diwydiant Amgueddfeydd ac Orielau Cenedlaethol Cymru; *Pigs and Ingots: The Lead/Silver Mines of Cardiganshire*, 1993, Tina Carr ac Annemarie Schöne, Y Lolfa. **Cerdyn 19**: CADW: Welsh Historic Monuments. Crown Copyright; Llyfrgell Genedlaethol Cymru; *Roads and Trackways of Wales*, Richard Colyer, 1984, Llyfrgell Genedlaethol Cymru. **Cerdyn 20**: Llyfrgell Genedlaethol Cymru; The Matthew of Bristol. **Cerdyn 21**: The Golden Hinde Educational Museum, St. Mary Overie Dock, Llundain; trwy garedigrwydd y National Portrait Gallery Llundain; National Maritime Museum, Llundain; The Ronald Grant Archive. **Cerdyn 22**: CADW: Welsh Historic Monuments. Crown Copyright; Erfyl Lloyd Davies. **Cerdyn 23**: Amgueddfa Werin Cymru; Hulton Getty (rhan o Getty Images). **Cerdyn 24**: Hulton Getty (rhan o Getty Images); the National Birds of Prey Centre. **Cerdyn 25**: Hawlfraint © 2000 gan Universal City Studios, Inc. Trwy garedigrwydd Universal Studios Publishing Rights. Adran o Universal Studios Licensing, Inc. Cedwir pob hawl; The Mary Rose Trust, Portsmouth. **Cerdyn 26**: Hulton Getty (rhan o Getty Images). **Cerdyn 27**: Amgueddfa Werin Cymru; Philip Llewelyn, *Elizabethan England* © Reader's Digest Association Ltd., atgynhyrchwyd trwy ganiatâd caredig. **Cerdyn 28**: Kunsthistorisches Museum, Wien. **Cerdyn 29**: Amgueddfa Genedlaethol Cymru; trwy garedigrwydd y National Portrait Gallery, Llundain; Miranda Richardson/Llyfrgell Luniau'r BBC. **Cerdyn 30**: Stamp 18c Y Beibl Cymraeg © Swyddfa'r Post. Atgynhyrchwyd trwy ganiatâd caredig Swyddfa'r Post. Cedwir pob hawl; Neuadd y Ddinas, Caerdydd; Geraint Wyn Jones L.R.P.S.; Llyfrgell Luniau'r Ymddiriedolaeth Genedlaethol/John Miller. Ni fu'n bosibl o'rhain perchennog pob ffynhonnell yn pecyn hwn. Gwahoddir i perchenogion hynny i gysylltu â Gwasg APCC.

Cynnwys

Rhagarweiniad

Y Pecyn

Nod y pecyn yw darparu deunydd hawdd ei ddefnyddio ac ysgogol i gefnogi athrawon, yn enwedig rhai nad ydyn nhw'n arbenigwyr yn y maes, i ddysgu cyfnod y Tuduriaid yng Nghyfnod Allweddol 2.

Mae pwyslais cyson ar y ffordd roedd pobl o bob lefel mewn cymdeithas yn byw; cynhwysir unigolion pwysig a digwyddiadau o'r cyfnod sydd wedi eu dogfennu'n helaeth hefyd.

Mae i'r ffynonellau gyd-destun Cymreig lle bynnag y bo modd, sy'n golygu y gellir cymharu â deunydd o fannau eraill, gan greu darlun o fywyd yng Nghymru a Phrydain yn ystod teyrnasiad y Tuduriaid tra'n bodloni gofynion y Cwricwlwm Cymreig.

Mae'r pecyn yn canolbwyntio'n neilltuol ar Elfen Allweddol 3: Dehongliadau o Hanes, lle

'Dylid dysgu i ddisgyblion nodi'r gwahanol ffyrdd y cynrychiolir ac y dehonglir y gorffennol, ac awgrymu rhesymau dros y rhain.'

Gan hynny, dewiswyd amrywiaeth o ffynonellau - rhai cyfoes, rhai modern, a rhai o gyfnodau rhwng y ddau, i ddangos nid yn unig fel roedd pobl am gael eu cofio, ond sut maen nhw wedi cael eu cofio.

Daw'r deunydd gweledol o nifer o ffynonellau - portreadau a delwau, adeiladau a thu fewn i adeiladau, mapiau a dogfennau, ailgreadigaethau ac ail-luniadau arlunwyr, pamffledi twristiaeth a lluniau llonydd o ffilmiau, cardiau post a stampiau. Mae'r cyfryngau a gynrychiolir yn cynnwys peintiadau, lluniadau, torluniau pren, engrafiadau, diagramau, brodwaith a ffotograffau.

Mae'r pecyn yn cynnwys tair elfen sy'n cyflenwi ei gilydd ac yn cefnogi addysgu a dysgu yn y stafell ddosbarth: Llawlyfr Athrawon; Cardiau Ffynhonnell; a CD-ROM.

Y Llawlyfr Athrawon

Mae'r Llawlyfr Athrawon yn darparu tudalen o wybodaeth ar bob Cerdyn Ffynhonnell o dan y penawdau a ganlyn:

Teitl: mae gan bob Cerdyn Ffynhonnell enw a rhif cyfeirio yn y pecyn. Dyw'r Cardiau ddim mewn trefn amser, a dyw'r rhifau ddim yn dynodi dilyniant drwy'r pwnc, er bod cysylltiadau amlwg y gellir eu gwneud rhwng gwahanol Gardiau (gweler isod).

Cwestiwn Allweddol: mae gan bob ffynhonnell Gwestiwn Allweddol sy'n ffocws i addysgu a dysgu, ac i asesu.

Y ffynhonnell: rhoddir tarddiad pob ffynhonnell a disgrifiad cryno o'i chynnwys yn y fan hon.

Pam ddewiswyd hi?: eglurir pam mae'r ffynhonnell yn berthnasol, a'r rhan y gall ei chwarae mewn helpu disgyblion i ddeall y cyfnod yn y fan hon.

Gwybodaeth gefndir: mae'r adran hon ar gyfer yr athro/athrawes ei hun ac mae'n cynnwys ffeithiau sylfaenol, ynghyd â straeon lliwgar a manylion i danio dychymyg disgyblion. Efallai y bydd athrawon am ddarllen darnau ar lafar neu addasu'r wybodaeth i ffurf sy'n gweddu i alluoedd eu disgyblion, ond dyw hwn ddim yn destun y bwriedir i ddisgyblion ei ddarllen eu hunain.

Gweithgareddau Cerdyn Ffynhonnell: gall pob Cerdyn a'i wybodaeth gysylltiedig ysgogi amrywiaeth eang o weithgareddau yn y dosbarth. Mae'r rhai a awgrymir yma wedi cael eu datblygu ag Elfennau Allweddol y cwricwlwm hanes mewn golwg, gyda phwyslais neilltuol ar EA3: Dehongliadau o Hanes. Bydd llawer o'r tasgau yn helpu i ddatblygu sgiliau darllen ac ysgrifennu, cyfrif a TGC disgyblion hefyd. Gellir aralleirio'r tasgau ar gyfer disgyblion neu ddweud wrthyn nhw beth i'w wneud ar lafar.

Y Cardiau Ffynhonnell

Gall y Cardiau Ffynhonnell A4 gael eu defnyddio gan unigolion neu grwpiau o blant.

Ar gefn pob Cerdyn, mae'r Cwestiwn Allweddol perthnasol y dylid canolbwyntio gweithgareddau o'i gwmpas. Dylid annog disgyblion i edrych ar y ffynhonnell, siarad amdani, cynnig sylwadau a chodi cwestiynau ac ati.

Er mwyn annog dull ymchwilgar o fynd i'r afael â hanes, mae'r Cardiau Ffynhonnell wedi eu laminiadu fel y gall disgyblion sgrifennu arnyn nhw, gan ychwanegu cwestiynau neu labelu pethau a nodant yn y llun. Ceir yr atebion i lawer o'r cwestiynau hyn yn ystod yr ymchwilio.

Bydd defnyddio'r wybodaeth gefndir berthnasol o'r Llawlyfr Athrawon, ar y lefel briodol, yn rhoi sail o wybodaeth i'r broses drafod.

Cysylltiadau rhwng Cardiau Ffynhonnell

Yn hytrach nag astudio topigau yn gwbl ar wahân, gellir cysylltu'r Cardiau mewn grwpiau, a allai gynnwys y canlynol:

Digwyddiadau pwysig: Buddugoliaeth ym Mrwydr Bosworth (Cerdyn 1); Y Deddfau Uno 1536-1543 (Cerdyn 4); Cau'r mynachlogydd (Cerdyn 3); William Morgan a'r Beibl yn Gymraeg (Cerdyn 30).

Personoliaethau a chronoleg: Brenhinoedd a breninesau'r Tuduriaid (Cerdyn 29); Syr Rice Mansel (Cerdyn 5) o flynyddoedd cynnar y cyfnod; Catrin o Ferain (Cerdyn 6) o ganol y ganrif; a theulu'r Myddeltoniaid (Cerdyn 7) a barhaodd i ffynnu dan y Stiwartiaid.

Tai: cynrychiolwyr gwahanol lefelau cymdeithas yn Y Cymry cyfoethog (Cerdyn 8); Plas Mawr (Cerdyn 9); Cartrefi'r iwmyn ffermwyr (Cerdyn 10); Tai'r tlodion (Cerdyn 11).

Plant: Addysg (Cerdyn 26); Plant oes y Tuduriaid (Cerdyn 27); Chwaraeon plant (Cerdyn 28).

Teithio: Ffyrdd (Cerdyn 19); Masnach ar fôr (Cerdyn 20); Môr-ladron! (Cerdyn 21).

Datblygiad y trefi: Llwydlo (Cerdyn 2); Y Deddfau Uno 1536-1543 (Cerdyn 4); Trefi (Cerdyn 12); Trosedd (Cerdyn 13).

Chwaraeon a diwylliant: Cnapan: gêm bêl boblogaidd (Cerdyn 23); Gweithgareddau awyr-agored pobl gyfoethog (Cerdyn 24); Cerddoriaeth a dawnsfeydd (Cerdyn 25).

Y Cymry yn Llundain: Syr Rice Mansel (Cerdyn 5); Plas Mawr (Cerdyn 9); Teulu'r Myddletoniaid (Cerdyn 7).

Y CD-ROM

Mae'r CD-ROM yn cynnig ffordd arall o gael gweld yr holl ddelweddau a ddefnyddir ar y Cardiau Ffynhonnell. Mae hefyd yn cynnwys rhagor o ddeunydd perthnasol atodol i bob Cerdyn, yn cynnwys delweddau, tystiolaeth ddogfennol, a chyfarwyddiadau ar sut i atgynhyrchu arteffactau. Lle bynnag y bo modd, defnyddiwyd amrywiaeth o ffynonellau i ymdrin ag un topig. Gall disgyblion ddethol llwybr drwy'r deunydd drwy ddilyn cyfarwyddiadau ar y sgrîn.

Ymweliadau

Mae ymweliadau â ffurf a phwrpas, y gellir eu mwynhau, yn rhan hanfodol o ddysgu hanes, a byddant yn ychwanegu at ddefnydd y pecyn yma.

Mae gan Gymru gyfoeth o safleoedd, adeiladau, amgueddfeydd a chasgliadau i helpu i wneud cyfnod y Tuduriaid yn fyw, a chaiff bron pob ysgol yng Nghymru fod ganddi le perthnasol i ymweld ag ef o fewn 50 milltir. Drwy gysylltu'n uniongyrchol â'r canolfannau, gallwch gynllunio gweithgareddau priodol ar y safle, ond bydd y pecyn o ddefnydd gyda'r gwaith paratoi a gwaith dilynnol.

Rhowch gynnig ar rhai o'r llefydd hyn i fywiogi a chyfoethogi dealltwriaeth y disgyblion o Gymru yn oes y Tuduriaid:

Amgueddfeydd ac Orielau

Amgueddfa Werin Cymru, Sain Ffagan, Caerdydd
Tel 029 2057 3500   www.nmgw.ac.uk
Amgueddfa ac Oriel Genedlaethol Cymru, Parc Cathays, Caerdydd (yn enwedig yr Orielau Archaeoleg, Niwmismateg a Chelf)
Tel 029 2039 7951   www.nmgw.ac.uk
Amgueddfa'r Fenni, Sir Fynwy
Tel 01873 854 282
Amgueddfa Caerfyrddin, Abergwili, Caerfyrddin
Tel 01267 231691
www http//westwales.co.uk/carmus.htm
Llyfrgell Genedlaethol Cymru, Aberystwyth, Ceredigion
Tel 01970623816   www.llgc.org.uk
Amgueddfa Llwydlo, Swydd Amwythig
Tel 01584 873857   www.shropshire_cc.gov.uk
Castell Llwydlo, Swydd Amwythig
Tel 01584 873355

Safleoedd CADW

Cysylltwch â **phencadlys CADW**
Tel 029 2082 6185/86   www.cadw.wales.gov.uk
Abaty Dinas Basing, Treffynnon, Sir Ddinbych
Castell y Bewpyr, Bro Morgannwg
Abaty Cymer, Dolgellau, Gwynedd
Tel 01341422854

Priordy Ewenni, Pen-y-bont ar Ogwr
Castell Lacharn, Sir Gaerfyrddin
Tel 01994 427906
Abaty Tyndyrn, Sir Fynwy
Tel 01291 689251
Castell Oxwich, Penrhyn Gŵyr
Tel 01792 390359
Plas Mawr, Conwy, Gwynedd
Tel 01492 580167
Castell Rhaglan, Sir Fynwy
Tel 01291 690228
Plas Tretŵr, Sir Frycheiniog
Tel 01874 730279
Glyn-y-Groes (Glynegwestl), Sir Ddinbych
Tel 01978 860326

Awdurdodau Lleol a Chasgliadau Preifat

Castell Caeriw, Sir Benfro
Tel 01646 651657
Gwedir, Conwy
Tel 01492 641687
Plas Llanfihangel, Sir Fynwy
Tel 01873 890217
Abaty Margam, Castell-nedd/Port Talbot
Tel 01639 881635
Castell Penfro, Sir Benfro
Tel 01646 681510
Castell Pen-hw, Casnewydd
Tel 01633 400800
Plas Pen-clawdd, Sir Fynwy
Gerddi Penlan Uchaf Fam, Abergwaun, Sir Benfro
Plas Llanmihangel, Bro Morgannwg
Tel 01446 774610

Yr Ymddiriedolaeth Genedlaethol

Cysyllter â'r **Ymddiriedolaeth Genedlaethol**
Tel 01492 860123 www.nationaltrust.org.uk
Tŷ Aberconwy, Conwy, Gwynedd
Tel 01492 592246
Castell y Waun, Wrecsam, Sir y Fflint
Tel 01691 777701
Castell Powys, Y Trallwng, Powys
Tel 01938 554338
Tŷ'r Masnachwr Tuduraidd, Dinbych-y-pysgod, Sir Benfro
Tel 01834 842279
Tŷ Mawr, Wybrnant, Gwynedd
Tel 01690 760213

Eich Ardal Leol

Gellwch gael gwybodaeth am dai Tuduraidd yn eich ardal chi gan;
Y Comisiwn Brenhinol ar Henebion - Cymru,
Aberystwyth, Ceredigion
Tel 01970 621200 www.rcahmw.org.uk
Bydd y gyfrol **'Houses of the Welsh Countryside'** gan Peter Smith (HMSO) yn eich helpu i ddod o hyd i leoliad tai diddorol yn eich ardal chi nad ydyn nhw ar agor i'r cyhoedd fel arfer, ond lle bydd perchenogion yn aml yn fodlon croesawu ysgolion lleol.

Gwefannau

Mae CD-ROM a llyfryn o'r enw **'History on the Website'** yn rhoi mynediad yn syth i chi i wybodaeth am wefannau o ddiddordeb hanesyddol. Ar gael gan ESIS, G5 Stâd Ddiwydiannol Trefforest, Pontypridd, Rhondda Cynon Taf CF37 5YL.

Cerddoriaeth y Tuduriaid

Enghreifftiau o gerddoriaeth o'r cyfnod sydd ar gael ar CD:
Cyffredinol
A Tudor Collection / Tallis Scholars
Gimell 454 895-2 (4 disg)
The Golden Age of English lute music / Julian Bream
RCA 09026 61584-2
The Cries of London / Deller Consort
Vanguard 08.5072.71
The English Viol / Fretwork
Virgin Veritas VER5 61173-2
Cyfansoddwyr penodol
William Byrd: Secular Music / Rose Consort/Red Byrd
Naxos 8.55326
John Dowland: Consort Music / Rose Consort/Red Byrd
Naxos 8.55326
Thomas Tallis: Church Music / Tallis Scholars
Gimell 454 906-2
Thomas Tomkins: Music for Viols / Rose Consort/Red Byrd Naxos 8.55602
Gregorian chant (Cerdyn Ffynhonnell 3)
Er nad dyma'r hyn fyddai'r mynaich wedi ei ganu neu ei glywed yng Nglyn-y-Groes, a bod yn fanwl gywir, bydd y CD a ganlyn yn rhoi blas ar y sain i ddisgyblion:
Mass Propers for the Church Year / Nova Schola Gregoriana Naxos 8.550711

1 Buddugoliaeth ym Mrwydr Bosworth 1485

CWESTIWN ALLWEDDOL

Sut allen ni gynllunio i ailgreu Brwydr Bosworth?

Y ffynhonnell

Mae'r ffotograff yn dangos pennod mewn ymgais i ailgreu Brwydr Bosworth, a gynhaliwyd yn y ganolfan ymwelwyr a godwyd ar safle'r frwydr i nodi pwysigrwydd beth ddigwyddodd yno.

Pam ddewiswyd hi?

Fel enghraifft o ymgais fodern i ailgreu digwyddiad o oes y Tuduriaid.

Canlyniadau dysgu

Bydd disgyblion:

- yn deall beth yw ailgreu;
- yn deall fod angen amrywiaeth eang o wybodaeth o wahanol ffynonellau pan fyddwn yn ceisio ailgreu digwyddiad o'r gorffennol;
- yn penderfynu ac yn rhestru yn nhrefn pwysigrwydd y wybodaeth hanfodol sydd ei hangen er mwyn ailgreu Brwydr Bosworth mor realistig ag sy'n bosibl;
- â gwybodaeth drylwyr o fanylion y frwydr drwy eu hymchwil eu hunain;
- yn dechrau deall rhai o anawsterau ailgreu digwyddiadau;
- yn ymwybodol o gronoleg a digwyddiadau pwysig bywyd Harri Tudur.

Gwybodaeth gefndir

Ganed tadcu Harri Tudur, Owain ap Maredudd ap Tudur, ym Mhenmynydd yn Ynys Môn tua 1400, ac aeth yn facwy (gwas bach) yn llys Harri V. Wyth mlynedd wedi i'r Brenin Harri farw, priododd Owain weddw'r brenin, Catherine o Valois a chawsant bedwar o blant, hanner-brodyr i'r Brenin Harri VI. Priododd un o'u meibion, o'r enw Edmwnd, Margaret Beaufort, a ganed iddi blentyn yng Nghastell Penfro ym 1457. Dim ond 14 oed oedd hi ac roedd eisoes yn weddw. Cafodd y bachgen yr enw Harri.

Roedd Harri'n byw yng Nghastell Penfro pan gafodd y castell ei gipio gan William Herbert. Herbert oedd un o gefnogwyr pwysicaf yr Iorciaid yng Nghymru, a felly, treuliodd Harri'r naw mlynedd nesaf yn byw yng Nghastell Rhaglan gyda theulu a gweision Herbert.

Ym 1471, llwyddodd Harri a'i ewythr, Siasbar Tudur, i ddianc i Lydaw, a phan gipiodd Richard, Dug Gloucester, yr orsedd, Harri oedd yr unig berson a allai ei herio.

Ym 1485, glaniodd Harri Tudur, oedd bellach yn 26 oed, gyda 4,000 o wŷr yn Dale, ger Hwlffordd, ac ymdeithio i wynebu Richard III, gan gasglu cefnogwyr ar y ffordd. Roedd hi'n broses araf. Dim ond 14 milltir allai'r fyddin ei deithio mewn dydd ac roedd ar y dynion angen digon o fwyd.

Ar yr 22ain o Awst, daeth y ddwy fyddin wyneb yn wyneb ar Faes Bosworth, ger Caerlŷr. Roedd gwŷr Harri'n ymladd o dan faner y ddraig, tra'r oedd byddin Richard yn ymladd o dan faner â baedd arni. Er bod ei fyddin yn fwy, cafodd Richard ei drechu a'i ladd gan Gymro o'r enw Rhys ap Meredudd (neu Rhys ap Thomas). Canodd y bardd Lewis Glyn Cothi am y 'baedd oer' a aeth i'w fedd. Cafodd Harri ei goroni ar faes y gad, a Lancastriad o Gymro oedd yn frenin bellach.

Gweithgareddau Cerdyn Ffynhonnell

1. Dewch o hyd i beth mae 'ailgreu' yn ei feddwl, o gymaint o wahanol ffynonellau ag sy'n bosibl, a sgrifennwch beth rydych chi'n meddwl ydy e.

2. Pe baech chi'n bwriadu ailgreu Brwydr Bosworth gyda'ch grŵp/partner, meddyliwch pa wybodaeth fyddai arnoch ei heisiau i wneud y peth mor real ag sy'n bosib, e.e. y bobl gymerodd ran yn y frwydr, yr arfwisgoedd, ac ati. Gwnewch restr o'r rhain, a rhowch beth rydych chi'n feddwl sy fwya pwysig ar ben y rhestr.

3. Cymharwch eich rhestr chi â rhestri grwpiau/parau eraill, a phenderfynwch ar 5 peth mae <u>rhaid</u> i chi eu gwybod i wneud yr ailgreu mor real â phosib.

4. Nawr, ymchwiliwch i un ohonyn nhw, gan ddefnyddio cymaint o ffynonellau ag sy'n bosib.

5. Cwblhewch y frawddeg rydych chi'n cytuno â hi o'r ddwy yma:

   a) Byddai'n hawdd cynllunio i ailgreu Brwydr Bosworth oherwydd...............
   b) Byddai'n anodd cynllunio i ailgreu Brwydr Bosworth oherwydd...............

Gweithgareddau Cyffredinol

1. Gwnewch linell amser o fywyd Harri VII, gan farcio'r ddau ddigwyddiad mwya pwysig, yn eich barn chi.

2. Rhestrwch y ddau ddigwyddiad enwog y byddai pobl yn byw yn 2500 am eu hail-greu o'r 19eg a'r 20fed ganrif.

2 Llwydlo: Prifddinas Duduraidd Cymru

CWESTIWN ALLWEDDOL

Beth all Castell Llwydlo, fel mae e nawr, ei ddweud wrthon ni am ba mor bwysig oedd e yng Nghymru oes y Tuduriaid?

Y ffynhonnell

Ffotograff o'r awyr o gastell a thref Llwydlo, a gyhoeddwyd fel cerdyn post.

Pam ddewiswyd hi?

a) i ddangos lleoliad daearyddol a nodweddion y castell; **b)** i gyflwyno'r syniad o ba mor bwysig oedd y castell yng Nghymru oes y Tuduriaid; **c)** fel ffordd o gyflwyno'r cymeriadau oedd yn gysylltiedig â'r lle.

Canlyniadau dysgu

Bydd disgyblion yn deall:
- fod rhaid i ni, yn amlach na pheidio, ddefnyddio mwy nag un ffynhonnell o dystiolaeth i ateb cwestiwn hanesyddol (h.y., dyw'r castell fel y mae heddiw ddim yn dweud wrthon ni mai oddi yno roedd Cymru'n cael ei rheoli yn oes y Tuduriaid);
- pwysigrwydd strategol cestyll fel Llwydlo mewn rheoli ardal;
- fod Cymru'n cael ei rheoli o Lwydlo yn oes y Tuduriaid;
- ei bod hi'n anodd rheoli Cymru o Lundain;
- nad oes gennym ni bob amser luniau i ddangos sut rai oedd personau enwog;
- fod yn rhaid i ni holi faint y gallwn ddibynnu ar unryw ddelweddau o'r gorffennol, ac a oedd unrhyw ragfarn gan y person a beintiodd y portread neu a gerfiodd y ddelw.

Gwybodaeth gefndir

Er gwaethaf ei gysylltiadau â Chymru, roedd sut i reoli Cymru, a'i holl deuluoedd pwerus, yn dal yn broblem i Harri VII. Penderfynodd ddanfon ei fab Arthur, Tywysog Cymru, i Lwydlo a sefydlu Cyngor i'w helpu i reoli Cymru. Er ei fod y tu allan i Gymru, roedd gan Gastell Llwydlo gysylltiadau da â Llundain a thros y ffin i Gymru.

Yn anffodus, bu Arthur farw ym mis Ebrill 1502 ar ôl chwarae tennis. Cafodd ei galon ei chladdu yn Eglwys Llwydlo a'i gorff yn Eglwys Gadeiriol Caerwrangon. Cafodd pob Llywydd y Cyngor wedi hynny ei bod yn anodd rheoli Cymru, a doedd y Cyngor ddim yn effeithiol iawn yn rhedeg y wlad. Dim ond pan gafodd yr Esgob Rowland Lee ei wneud yn Llywydd Cyngor Cymru ym 1534 y cafodd rhywfaint o gyfraith a threfn eu gorfodi ar Gymru, yn aml drwy ddulliau treisgar.

Gweithgareddau Cerdyn Ffynhonnell

1. Gan weithio mewn parau neu grwpiau, rhestrwch:

   a) y rhesymau pam y cafodd cestyll eu hadeiladu, e.e. i amddiffyn pobl;
   b) beth allech chi ei wneud pe byddech yn berchen castell, e.e. mwynhau golygfa wych o'r wlad o gwmpas.

2. Edrychwch ar Gerdyn Ffynhonnell 2 (y ffoto o Gastell Llwydlo) a sgrifennwch 3 brawddeg yn esbonio beth mae'n dweud wrthon ni am y castell, e.e. ei safle, ei faint.

3. Dewch o hyd i Lwydlo a Llundain ar fap o Gymru a Lloegr, a gorffennwch y frawddeg yma:

   Rydw i/rydyn ni'n credu y byddai/na fyddai Llwydlo wedi bod yn lle da i'r Tuduriaid reoli Cymru oherwydd......

4. Allwch chi ateb y Cwestiwn Allweddol nawr? Os na, edrychwch am fwy o wybodaeth am Lwydlo yn oes y Tuduriaid a meddyliwch am gwestiwn y gallech chi ei ofyn.

5. Gan dddefnyddio Cerdyn 13 (Trosedd), sgrifennwch erthygl bapur-newydd fer am y math o droseddau roedd yr Esgob Rowland Lee yn ceisio eu hatal pan oedd yng Nghastell Llwydlo fel Llywydd y Cyngor.

Gweithgareddau Cyffredinol

1. Gan ddefnyddio'r Rhyngrwyd, llyfrau, ymweliadau ac ati, gwnewch waith ymchwil ar gastell mor agos i'ch ysgol ag sy'n bosib a gwnewch restr o sut mae'n debyg a sut mae'n wahanol i Lwydlo.

2. Siaradwch am beth allai pobl oedd yn byw bryd hynny fod wedi ei wneud i ddangos i ni sut un oedd yr Esgob Rowland Lee a chwblhau'r frawddeg rydych chi'n meddwl sy'n gywir:

   a) Gallwn, gallwn fod yn siwr mai dyna sut un oedd yr Esgob Rowland Lee oherwydd..............
   b) Na, allwn ni ddim fod yn siwr mai dyna sut un oedd e go iawn, oherwydd..............

Cau'r mynachlogydd

3

CWESTIWN ALLWEDDOL

All ymweld â safle hanesyddol fel mynachlog ein helpu ni i ddeall mwy am y bobl oedd yn byw a'n gweithio yno?

Y ffynhonnell

Ffotograff yn dangos ailgreu gwasanaeth yng Nglyn-y-Groes, yn ystod sesiwn o weithgareddau ar gyfer pobl ifanc a redwyd gan CADW.

Pam ddewiswyd hi?

I ddangos sut y gellir defnyddio safle hanesyddol i ddysgu pethau am fywyd yn y gorffennol.

Canlyniadau dysgu

Bydd disgyblion:
- yn dechrau deall bod manteision i ymweld â safleoedd hanesyddol, ond bod terfyn i'w defnydd o ran deall sut oedd pobl yn y gorffennol yn meddwl ac yn gweithredu;
- yn cynllunio ymweliad ar gyfer disgyblion iau ac yn meddwl am beth fyddan nhw'n ei ddysgu;
- yn rhestru digwyddiadau pwysig yn nydd mynach a'u rhoi mewn trefn er mwyn gallu ailgreu;
- yn penderfynu ar sail wybodus a oedd cyfiawnhad neu beidio dros benderfyniad Harri i gau'r mynachlogydd.

Gwybodaeth gefndir

Roedd y Brenin Harri VIII yn dyheu am fab i'w olynu fel brenin. Erbyn 1530 roedd ei wraig, Catherine o Aragon, wedi cael un ferch ac roedd yn rhy hen i gael rhagor o blant. Gofynnodd i'r Pab am ysgariad, ond cafodd ei wrthod oherwydd fod yr Eglwys Babyddol yn credu fod ysgaru yn bechod. Ym 1534, torrodd Harri VIII bob cysylltiad ag Eglwys Babyddol Rhufain a'i wneud ei hun yn bennaeth Eglwys ar wahân yng Nghymru a Lloegr. Yn awr, gallai ysgaru Catherine a dwyn holl diroedd a chyfoeth yr Eglwys.

Cafodd arolygwyr eu danfon allan i roi adroddiadau i'r brenin mewn arolwg o'r enw y 'Valor Ecclesiasticus'. Enwyd 47 o dai crefydd yng Nghymru, gyda 246 o fynaich, lleianod a brodyr. Yn ôl yr arolygwyr, ymbleserwyr diog oedd llawer o fynaich a oedd yn ennill cyflog ac yn cyflogi eraill i redeg eu tiroedd. Roedd mynach yn Ystrad Fflur wedi ei gael yn euog o fathu arian ffug. Cafwyd fod Robert Salusbury, Abad Glyn-y-Groes, yn bennaeth ciwed o ladron pen-ffordd yn swydd Rhydychen, a chafodd ei ddanfon i Dŵr Llundain, tra'r oedd Abad Dinas Basing wedi dwyn arian pobl drwy eu bygwth. Cafodd gwaith da mynaich, lleianod a brodyr oedd wrthi'n cynnal ysgolion ac ysbytai a gofalu am deithwyr ei anwybyddu.

Erbyn 1539, roedd yr holl dai crefydd yn yr arolwg yng Nghymru wedi cael eu cau, a'r mynaich, lleianod a brodyr wedi eu danfon allan i'r byd â phensiwn. Yna, fe werthodd y brenin yr eiddo, i foneddigion lleol yn aml iawn. Roedd diddymu'r mynachlogydd yn dangos cymaint o bŵer oedd gan Harri VIII dros Gymru.

Gweithgareddau Cerdyn Ffynhonnell

1. Meddyliwch am bethau rydych wedi eu dysgu eisoes am fywyd bob dydd mewn mynachlog wrth i chi:

   a) eistedd yn dawel â'ch llygaid ar gau;
   b) eistedd yn dawel â'ch llygaid ar gau yn gwrando ar recordiad o Siantiau Gregoraidd y byddai'r mynaich wedi eu canu.

   Ydy hyn yn dechrau'ch helpu chi i ateb y Cwestiwn Allweddol?

2. Sgrifennwch ddwy frawddeg yn dweud a ydy hi'n haws dychmygu bod mewn mynachlog gyda'r gerddoriaeth neu hebddi, gan ddweud pam.

3. Mae rhywun wedi gofyn i chi drefnu ymweliad gan ddosbarth Blwyddyn 3 i safle mynachlog hanesyddol. Meddyliwch am weithgareddau iddyn nhw, a threfnu amserlen ar gyfer ymweliad diwrnod.

4. Gwnewch raglen ar y cyfrifiadur, a rhestru beth hoffech chi i Flwyddyn 3 ei ddysgu o bob gweithgaredd. Meddyliwch am beth allan nhw ei wneud ar yr ymweliad na allen nhw ei wneud yn yr ysgol.

5. Siaradwch am rai o'r pethau sy'n ei gwneud hi'n anodd deall go iawn sut beth fyddai bod wedi treulio'ch bywyd yn y fynachlog yn y llun, e.e. "rydyn ni'n gallu mynd adre ar ddiwedd y dydd". Gwnewch restr o'ch syniadau a'u cymharu ag atebion grwpiau eraill.

Gweithgareddau Cyffredinol

1. Gan weithio gyda phartner, eglurwch pam y dylai'r mynachlogydd **(a)** gael eu cau a **(b)** gael eu cadw ar agor. Gwnewch waith ymchwil i gasglu mwy o wybodaeth os bydd angen.

2. Cynhaliwch ddadl yn y dosbarth, a bwrw pleidlais i benderfynu a oedd Harri VIII yn iawn i gau'r mynachlogydd.

Y Deddfau Uno
1536 -1543

CWESTIWN ALLWEDDOL

Pam gafodd map ei wneud o Gymru yn oes y Tuduriaid, a beth mae'n ei ddweud wrthon ni am Gymru ar y pryd?

Y ffynhonnell

Map John Speed o Gymru, dyddiedig 1611 ond yn seiliedig ar amlinellau o'r 16eg ganrif.

Pam ddewiswyd hi?

a) fel enghraifft o fap o ddechrau'r 17eg ganrif; **b)** i ddangos fod Cymru, o ganlyniad i'r Deddfau Uno, wedi ei rhannu'n siroedd, ac mae llawer o'r rheini'n dal i fod gyda ni heddiw ar ôl bron 500 mlynedd.

Canlyniadau dysgu

Bydd disgyblion:
- yn deall y Deddfau Uno, ac yn gwybod rhai o'r rhesymau drostynt a rhai o'u canlyniadau - yn y tymor byr a'r tymor hir;
- yn ymwybodol o'r ffaith fod digwyddiadau hanesyddol yn cael eu gweld o wahanol safbwyntiau gan bobl oedd yn byw ar y pryd;
- yn deall fod ffynonellau'n cael eu creu am wahanol resymau;
- yn gyfarwydd â rhai o nodweddion Cymru oes y Tuduriaid ac o'r modd y mae'r ffyrdd, yn neilltuol, wedi newid er hynny.

Gwybodaeth gefndir

Roedd Cymru'n dal i fod yn wlad aflonydd a di-drefn pan aeth Harri VIII yn frenin ym 1509. Roedd wedi ei rhannu'n ddwy, y Dywysogaeth a'r Mers, tiroedd oedd fwy neu lai'n annibynnol ar y brenin ac wedi eu rheoli gan arglwyddi mawr Lloegr. Roedd teuluoedd mwyaf pwerus Cymru hwythau eisiau bod â'r un hawliau a phwerau ag arglwyddi Lloegr, pwerau oedd wedi cael eu gwrthod iddyn nhw hyd yma.

Yn y man, dyma Thomas Cromwell, prif weinidog newydd Harri yn y 1530au, yn cyflwyno Deddf 1536, oedd yn rhannu'r Mers yn wyth sir newydd, â phob sir â'r hawl i ethol dau AS am y tro cyntaf. Gallai swyddogion sirol eraill fod yn Gymry, ond gan mai Saesneg oedd iaith gweinyddiaeth a'r llysoedd barn, byddai rhaid iddyn nhw fod yn gallu siarad Saesneg.

Pasiwyd Deddf arall ym 1543 i dacluso'r manylion: cafodd pedwar cylch llys y Sesiwn Fawr eu creu, yn cynnwys tair sir yr un (gyda Sir Fynwy'n cael ei chynnwys yn Lloegr). Cafodd wyth Ynad Heddwch eu penodi ar gyfer pob sir i gynnal llysoedd llai yn rheolaidd - y Sesiwn Chwarter.

Cafodd y map ei lunio oherwydd fod angen dangos y trefniadau gweinyddol newydd ac oherwydd ofn y byddai Sbaen yn ymosod. Roedd Elisabeth a'i llywodraeth yn cefnogi'r arolwg topograffaidd a wnaeth Christopher Saxton rhwng 1573 a 1578. Cafodd y siroedd eu dangos ar saith dalen wahanol a gafodd eu cyhoeddi fel atlas ym 1579. Defnyddiodd John Speed amlinellau Saxton yn sail i'w fapiau ef ym 1611.

Gweithgareddau Cerdyn Ffynhonnell

1. Ymchwiliwch i'r Deddfau Uno (defnyddiwch Gerdyn Ffynhonnell 2 i'ch helpu). Gwnewch ddwy restr, un o safbwynt y Saeson, a'r llall o safbwynt y Cymry, yn nodi beth oedden nhw'n credu oedd yn dda am y deddfau, a beth nad oedden nhw'n ei hoffi amdanyn nhw. Siaradwch am beth rydych chi wedi ei sgrifennu.

2. Pe byddech chi'n rheoli gwlad arall, gwnewch restr o bopeth fyddech chi am wybod amdani. Rhowch y wybodaeth bwysicaf fyddai arnoch chi ei hangen ar ben y rhestr a rhoi'ch rhesymau dros eich dewis.

3. Edrychwch ar Gardiau Ffynhonnell 19 a 20 a thrafodwch pam oedd brenhinoedd a breninesau Lloegr yn ei chael hi'n anodd rheoli Cymru.

4. Ceisiwch ateb y Cwestiwn Allweddol a sgrifennwch dri pheth y byddai'r map yma yn eich helpu chi i'w ddysgu am Gymru yn oes y Tuduriaid.

Gweithgareddau Cyffredinol

1. Tanlinellwch enwau'r siroedd a'u cymharu ag enwau siroedd heddiw. Edrychwch am wahaniaethau yn y ffin rhwng Lloegr a Chymru, bryd hynny a nawr.

2. Gan ddefnyddio'r map yma a map modern, gwnewch dabl o beth sy'n debyg a beth sy'n wahanol rhwng Cymru'r 16eg ganrif a heddiw, e.e. y trefi, y ffyrdd. Cymharwch eich atebion a phenderfynu beth yw'r prif wahaniaeth a'r prif debygrwydd.

3. Gwnewch hyn eto at gyfer eich sir chi.

5 Syr Rice Mansel

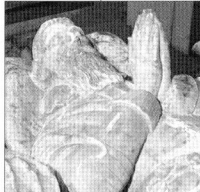

CWESTIWN ALLWEDDOL

Sut oedd Tuduriaid cyfoethog, fel y Cymro Syr Rice Mansel, am i bobl eu cofio yn y dyfodol?

Y ffynhonnell

Delw o Rice Mansel yn Eglwys Margam. Nid ei fedd yw hwn, gan iddo farw yn Llundain, lle cafodd ei gladdu.

Pam ddewiswyd hi?

a) i ddangos un ffordd y gallai Tuduriaid cyfoethog greu darlun o'u hunain; **b**) fel enghraifft o ffynhonnell gyfoes a ddefnyddir gan haneswyr; **c**) i gyflwyno'r syniad o greu delw o berson wedi iddo farw.

Canlyniadau dysgu

Bydd disgyblion:
- yn gallu cymharu'r ffyrdd y gallwn greu darluniau o'n hunain a'r dulliau oedd ar gael i'r Tuduriaid;
- yn deall rhai o'r nodweddion mae pobl am gael wedi eu portreadu mewn lluniau neu ddelwau ohonyn nhw;
- yn deall na all y rhain ddweud wrthon ni pa fath o berson oedd rhywun mewn gwirionedd;
- yn gwybod am fywyd Syr Rice Mansel a dyddiadau'r brenhinoedd a'r breninesau fu'n teyrnasu tra bu byw;
- yn deall fod rhai Cymry wedi mynd yn gyfoethog iawn yn oes y Tuduriaid.

Gwybodaeth gefndir

Ganed Rice Mansel ym 1487 ac yn blentyn, cafodd ei roi yng ngofal ei ewythr, Syr Matthew Cradock. Roedd Cradock yn fasnachwr llwyddiannus ac yn swyddog yn y llynges, a helpodd hynny Rice gyda'i yrfa ef. Erbyn iddo gyrraedd ei 30 oed, roedd Mansel wedi cael ei urddo'n farchog, ac wedi bod yn briod dair gwaith. Ei drydedd wraig oedd Cecily Dabridgecourt, oedd â chysylltiadau clos â'r llys brenhinol, drwy'r Dywysoges Mari.

Gan fod Mansel wedi gwasanaethu Harri VIII yn dda yn Iwerddon, ac yn aelod o Gyngor y Mers, cafodd ganiatâd y brenin i rentu – ac yna i brynu – tiroedd yr abaty oedd wedi cael ei ddiddymu ym Margam. Dyna oedd prif gartref y teulu wedyn, yn lle Castell Oxwich, er bod Mansel eisoes wedi gwario arian mawr ar hwnnw.

Pan wnaed Mari'n Frenhines ym 1553, cafodd Syr Rice a'r Fonesig Cecily le mwy amlwg yn y llys: rhoddwyd lle anrhydeddus iddi hi yn y coroni, a chafodd yntau hebrwng y Frenhines newydd â gwarchodlu o 500 o filwyr. Efallai bod hynny wedi codi gwrychyn teuluoedd eraill, a gall fod mai dyna oedd achos brwydr yn Oxwich rhwng grŵp dan arweiniad mab Mansel, Edward, a llu dan arweiniad George Herbert. Bu farw'r Frenhines flwyddyn wedi'r sgarmes yma, bu farw Mansel yntau y flwyddyn wedi hynny, a diflannodd holl obeithion y teulu o fod â dylwanwad ar lefel genedlaethol.

Gweithgareddau Cerdyn Ffynhonnell

1. Gwnewch restr o'r holl ffyrdd o ddangos i bobl ymhen 500 mlynedd sut un ydych chi. Meddyliwch beth hoffech chi i bobl yn y dyfodol feddwl amdanoch chi, e.e. hapus, cyfoethog, clyfar.

2. Gwnewch gasgliad dosbarth o ffotograffau a sgrifennu gair byr o dan bob un i ddisgrifio beth mae'r ffotograff yn ei ddweud am y person ynddo.

3. Dewch o hyd i'r gair 'delw' yn eich geiriadur. Dwedwch wrth eich partner beth rydych chi'n meddwl ydy e. Edrychwch ar ddelw Rice Mansel a phenderfynu a ydy hi'n ein helpu ni i ddeall pa fath o ddyn oedd e.

4. Gwnewch waith ymchwil i gymaint o wahanol fathau o ffynonellau o oes y Tuduriaid ag y gallwch chi. Gwnewch restr o'r ffyrdd y byddai'r Tuduriaid yn eu defnyddio i ddangos i bobl y dyfodol sut rai oedden nhw. Rhestrwch beth rydych chi'n feddwl roedden nhw am i bobl feddwl amdanyn nhw.

5. Trafodwch pam mae'r ffynonellau rydych wedi eu darganfod o oes y Tuduriaid wedi bod am bobl gyfoethog, a sut mae hynny'n wahanol heddiw.

Gweithgareddau Cyffredinol

1. Gwnewch linell amser o deyrnasiad brenhinoedd a breninesau'r Tuduriaid a gosodwch ddigwyddiadau o fywyd Syr Rice Mansel arni.

2. Sgrifennwch deyrnged i Syr Rice Mansel, yn cynnwys 'dyfyniadau' dychmygol gan y brenin/y frenhines, Cymry cyfoethog eraill, ffrindiau a theulu.

6 Catrin o Ferain

CWESTIWN ALLWEDDOL

Sut oedd Tuduriaid fel Catrin o Ferain yn defnyddio portreadau i ddweud wrthon ni amdanyn nhw'u hunain?

Y ffynhonnell

Portread gan Adriaen van Cronenburgh sy'n crogi yn Amgueddfa ac Oriel Genedlaethol Cymru yng Nghaerdydd.

Pam ddewiswyd hi?

a) i ddangos Catrin mewn enghraifft brin o bortread o fenyw heb ei gŵr neu ei theulu; **b)** i ddangos Catrin fel gwraig â'i phŵer a'i dylanwad ei hun.

Canlyniadau dysgu

Bydd disgyblion yn deall:
- nad yw portreadau o anghenraid yn rhoi darlun cywir i ni o ymddangosiad rhywun a'u personoliaeth;
- fod portreadau'r Tuduriaid yn cael eu peintio i ddiben arbennig, ac mai'r bwriad oedd dweud wrth y gwyliwr am statws a chyfoeth y testun;
- ei bod yn anarferol iawn dod o hyd i bortread o'r cyfnod yma o fenyw ar ei phen ei hun, a felly rhaid bod Catrin wedi bod yn ffigur pwysig;
- dyletswyddau a chyfrifoldebau gwraig Duduraidd gyfoethog.

Gwybodaeth gefndir

Bu Catrin fyw o tua 1534 i 1591, yn ferch i Tudur ap Robert Fychan o Ferain, ffermdy mawr ger llaw Dinbych. Mae'n debyg ei bod hi'n wraig hardd iawn a'u bod hi wedi denu llawer o gariadon. Priododd bedair gwaith, â gŵr cyfoethog iawn bob tro, yn cynnwys Syr Richard Clough, masnachwr o Ddinbych oedd yn byw yn Antwerp, lle cafodd y portread o Catrin ei beintio.

Roedd llawer o straeon am Catrin wedi iddi hi farw: roedd un yn honni iddo briodi saith neu wyth gŵr mewn gwirionedd, ond ei bod wedi eu lladd drwy dywallt plwm tawdd i mewn i'w clustiau. Roedd un arall yn honni iddi ymosod ar Syr Richard Clough mewn stafell wely ym Merain ac y byddai'r gwaed, oedd wedi tasgu dros y wal, yno am byth. Mae'n aml yn cael ei galw'n 'Fam Cymru' am fod ganddi gymaint o ddisgynyddion.

Roedd Catrin yn rhyw 34 oed pan beintiwyd y portread. Ei brif bwrpas oedd dangos statws cymdeithasol a chyfoeth y teulu yn hytrach na'i phersonoliaeth hi. Mae hi mewn du, i ddangos ei bod yn weddw, ac mae'n gwisgo gwregys gadwyn ac allweddi, sy'n arwydd o'i phŵer fel meistres y tŷ. Mae un o'i dwylo yn pwyso ar benglog (arwydd o farwoldeb) ac yn ei llaw arall, mae'n dal y Llyfr Gweddi Cyffredin.

Mae'n debyg fod menywod yn oes y Tuduriaid yn plwcio eu gwallt yn ôl er mwyn creu'r talcen uchel a oedd yn ffasiynol bryd hynny. Bydden nhw'n gwneud eu hwynebau'n welw â phowdr wyneb a oedd yn aml yn cynnwys plwm gwyn - sy'n wenwynig. Dim ond y werin bobl oedd â wynebau bochgoch!

Gweithgareddau Cerdyn Ffynhonnell

1. Penderfynwch beth rydych yn mynd i'w ddweud wrth artist sy'n mynd i beintio eich portread, e.e. 'Dwi am i chi wneud i fi edrych yn .... ac yn ....' ac ati.
Ystyriwch yn ofalus beth rydych chi'n gofyn iddo fe neu hi ei wneud.

2. Edrychwch ar dri phortread o Duduriaid a gwnewch restr o'r geiriau sy'n disgrifio sut mae'r artist wedi gwneud iddyn nhw edrych. Cymharwch eich geiriau chi â rhai gweddill y dosbarth.

3. Wrth i chi wneud gweithgaredd 2, nodwch bob portread Tuduraidd y dewch ar eu traws o fenywod, a gwnewch rhestr yn dweud a ydyn nhw gyda'u gwŷr, gyda'u gwŷr a'u plant neu ar eu pen eu hunain. Trafodwch hyn a pham mae'r ffynonnell yma'n anghyffredin, heb law am bortreadau o un fenyw Duduraidd arall (Elisabeth I).

4. Sgrifennwch ddarn yn dweud beth mae'r portread yn gwneud i chi feddwl am Gatrin o Ferain (cymharwch ei dillad â rhai Elisabeth) a pham gafodd hi'r portread wedi ei beintio.

5. Gwrandewch ar y stori amdani, ac ychwanegwch unrhyw beth arall y dysgwch amdani a fyddai wedi ei gwneud yn berson arbennig yn y cyfnod hwnnw.

Gweithgareddau Cyffredinol

1. Ymchwiliwch i'r ffyrdd y byddai gwragedd Tuduraidd cyfoethog wedi treulio eu hamser, a gwnewch 'raglen' o ddiwrnod boneddiges.

2. Trafodwch beth rydych chi wedi ei ddysgu a sgrifennwch frawddeg am le gwragedd cyfoethog yn oes y Tuduriaid. Cymharwch eich atebion.

7 Teulu'r Myddeltoniaid a Chastell y Waun

CWESTIWN ALLWEDDOL

Pam gafodd Syr Thomas Myddelton ei beintio yn gwisgo mantell Arglwydd Faer Llundain?

Y ffynhonnell

Portread o Syr Thomas Myddelton sydd yn crogi yng Nghastell y Waun (artist anhysbys). Mae wedi ei beintio yn ei swydd fel Arglwydd Faer Llundain.

Pam ddewiswyd hi?

a) i ddangos y gallwn ni, fel haneswyr, gael gwybodaeth bwysig o bortreadau cyfoes; **b**) i ddangos y gallai Cymro ennill swydd uchel yn Lloegr yn oes y Tuduriaid.

Canlyniadau dysgu

Bydd disgyblion:
- yn deall fod portreadau cyfoes yn cynnwys gwybodaeth bwysig i haneswyr modern;
- yn sylweddoli fod y delweddau wedi cael eu creu i ddweud wrth eraill ar y pryd am y person hwnnw;
- yn deall y gallai Cymry ennill cyfoeth a mynd yn swyddogion pwysig yn Lloegr oes y Tuduriaid;
- yn deall fod rhai mewn swyddi pwysig yn llysoedd y Tuduriaid yn gwisgo dillad swyddogol arbennig;
- yn sylweddoli fod llawer llai o bobl yn gwisgo gwisgoedd swyddogol heddiw.

Gwybodaeth gefndir

Yn oes y Tuduriaid, roedd Castell y Waun yn gastell brenhinol nes i Elisabeth I ei roi i Iarll Leicester ym 1563. Wedi marwolaeth Leicester, prynodd Thomas Myddelton y castell am ryw £5,000 ym 1595. Mae'r teulu'n dal i fod yn berchen arno.

Thomas oedd pedwerydd mab Richard Myddelton, AS Dinbych, ac fe aeth i Lundain yn ddyn ifanc i geisio gwneud ffortiwn. Roedd yn anturydd-fasnachwr cyfoethog a mawr ei barch, yn un o sylfaenwyr yr East India Company, ac yn y 1590au, gwnaeth ffortiwn drwy dalu am fordeithiau'r fforwyr Francis Drake, Walter Raleigh a John Hawkins. Yn nes ymlaen yn ei fywyd, aeth yn Arglwydd Faer ac Aelod Seneddol Llundain. Roedd Syr Thomas yn Biwritan a helpodd i dalu am 'Y Beibl Bach', yr argraffiad poblogaidd cyntaf o'r Beibl, oedd yn costio pum swllt.

Aeth Hugh Myddelton, un o frodyr iau Thomas, i Lundain hefyd a mynd yn fasnachwr cyfoethog. Roedd yn eurof, ond fe hefyd ddatblygodd weithfeydd plwm ac arian Ceredigion, oedd, yn ôl pob sôn, yn ennill y swm anhygoel o £2,000 y mis iddo. Syr Hugh dalodd am ddarparu dŵr glân i Lundain am y tro cyntaf, ond costiodd y gwaith gymaint nes ei yrru i'r wal.

Gweithgareddau Cerdyn Ffynhonnell

1. Sgrifennwch mewn brawddegau chwe ffaith rydych wedi eu dysgu drwy edrych ar y portread yma. Cymharwch eich brawddegau gyda'ch partner/grŵp/dosbarth. Penderfynwch beth yw'r tri darn pwysicaf o wybodaeth mae'r portread yma yn eu rhoi i chi.

2. Edrychwch ar y portreadau a'r delwau eraill yn y pecyn neu mewn llyfrau cyfeirio a CD-ROMiau. Trafodwch faint o wybodaeth maen nhw'n ei rhoi i chi ac a ydy hi'n wybodaeth bwysig.

Gweithgareddau Cyffredinol

1. Tynnwch lun neu beintiwch bortread o un o'ch ffrindiau, gan gynnwys unrhyw beth rydych chi'n meddwl ei fod yn bwysig i hanesydd fydd yn edrych arno 500 mlynedd o nawr i'w wybod am eich ffrind. Sgrifennwch frawddeg neu ddwy am beth mae lluniau disgyblion eraill yn ei ddweud wrthoch chi.

2. Sgrifennwch erthygl bapur-newydd yn adrodd hanes bywyd Syr Thomas a chreu tudalen bapur-newydd i gynnwys y portread. Gwnewch waith ymchwil i gasglu gwybodaeth am Gymry cyfoethog ac enwog eraill yn Lloegr yn oes y Tuduriaid.

3. Ymchwiliwch i weld beth oedd y swyddi pwysig yn oes y Tuduriaid ac enwau'r dynion oedd yn y swyddi hynny. Edrychwch am bortreadau ohonyn nhw yn eu gwisoedd swyddogol.

4. Meddyliwch am y swyddi pwysig mae pobl ynddyn nhw heddiw, e.e., Prif Weinidog, ac edrychwch am ffotograffau ohonyn nhw. Trafodwch pam nad ydy gwisgoedd swyddogol mor bwysig heddiw.

5. Trafodwch sut mae'r ffotograffau hyn yn wahanol i ddelweddau'r Tuduriaid o bobl gyfoethog, enwog fel Catrin o Ferain a Syr Rice Mansel, rydych chi wedi eu gweld yn y pecyn yma.

Y Cymry cyfoethog

CWESTIWN ALLWEDDOL

A allwn ni fod yn sicr mai dyma sut yr edrychai Castell Rhaglan yn oes y Tuduriaid?

Y ffynhonnell

Llun sy'n ailgreu cynulliad yn yr oriel hir yng Nghastell Rhaglan yng nghyfnod y Tuduriaid diweddar. Paratodd Ivan Lapper y darlun hwn i'w gynnwys yn y llawlyfr i Gastell Rhaglan, gan fod y castell wedi bod yn furddun er adeg y Rhyfel Cartref.

Pam ddewiswyd hi?

a) i ddangos sut fydd artist yn defnyddio gwahanol fathau o dystiolaeth i ailgreu golygfa ym mywyd cymdeithasol y Tuduriaid cyfoethog; **b)** i ddangos na allwn fyth fod yn siwr fod y golygfeydd y byddwn yn eu hailgreu yn gywir.

Canlyniadau dysgu

Bydd disgyblion:

- yn deall fod angen llawer o ymchwil wrth i ni geisio ailgreu golygfa o'r gorffennol;
- yn sylweddoli na allwn ni byth fod yn siŵr fod ein hailgreu yn gwbl gywir, oherwydd dydy'r dystiolaeth sydd arnom ei heisiau ddim ar gael bob amser.

- â mwy o wybodaeth am **a)** y ffordd o fyw, yn cynnwys gweithgareddau hamdden a **b)** y tu fewn i gartrefi Tuduriaid cyfoethog mewn llefydd fel Castell Rhaglan.

Gwybodaeth gefndir

Erbyn diwedd oes y Tuduriaid roedd gan y rhan fwyaf o dai mawr Cymru a Lloegr Oriel Hir ar y llawr uchaf. Fel arfer, roedd yr orielau hyn yn llefydd ymarfer, lle gallai'r perchenogion a'u teuluoedd gerdded pan oedd y tywydd yn arw, a phan oedd hi'n amhosib mwynhau gweithgareddau awyr-agored.

Bydden nhw'n gwario llawer o arian ar addurno orielau hir, a dyna lle byddai portreadau'r teulu yn cael eu harddangos, yn aml. Roedden nhw hefyd yn cael eu defnyddio ar gyfer achlysuron cymdeithasol arbennig, fel yr un a ddangosir yma. Roedd Rhaglan yn perthon i aelod o deulu'r Herbertiaid, a oedd yn dal swyddi uchel yn llysoedd y Tuduriaid fel iarlloedd Penfro a Worcester. Dyma lle cafodd Harri VII ei fagu, pan oedd rhwng 5 a 14 oed.

Gweithgareddau Cerdyn Ffynhonnell

1. Heb wneud unrhyw waith ymchwil, a heb edrych ar y darlun, tynnwch lun o'ch syniad chi o sut fyddai'r tu fewn i dŷ Tuduraidd wedi edrych.

2. Roedd rhaid i'r artist a ailgreodd yr olygfa hon o Duduriaid cyfoethog yn eu cartref ymchwilio i lawer agwedd ar eu bywydau, er mwyn gallu gwneud y darlun mor real â phosib. Gan weithio mewn parau, gwnewch restr o'r holl bethau y byddai wedi gorfod cael gwybodaeth amdanyn nhw.
Gwnewch dabl yn dangos:

   a) Beth mae angen iddo ymchwilio iddo? **b)** Beth all ei ddefnyddio i gael gwybodaeth? **c)** Fyddai hyn yn hawdd neu'n anodd? **ch)** Pam?

3. Rhestrwch bum peth sy'n ddiddorol yn yr ailgread yma.

4. Gan weithio mewn grwpiau neu barau, ymchwiliwch i un maes, e.e. dodrefn, lloriau. Tynnwch enghreifftiau o bob un ac 'ailgreu' oriel hir Duduraidd fel mae'r artist wedi gwneud ar y Cerdyn Ffynhonnell.

5. Sgrifennwch am neu drafodwch y gwahaniaethau yn eich 'ailgread' cyntaf a'r ail un a beth rydych wedi ei ddysgu am waith ail-greu arlunwyr.

6. Cwblhewch y siart yma, gan nodi ble mae'ch darlun cyntaf a'ch ail ddarlun yn dod ar y llinell:

	Cywir iawn	Lled gywir	Gweddol gywir	Ddim yn gywir
(1af)	....	....	....	....
(Ail)	....	....	....	....

Gweithgareddau Cyffredinol

1. Ceiswch ddarganfod pa gerddoriaeth roedd y Tuduriaid yn ei hoffi a'r math o ddawnsfeydd y bydden nhw wedi eu dawnsio yn yr Oriel Hir yng Nghastell Rhaglan.

2. Ymchwiliwch i weld beth arall fyddai'r Tuduriaid cyfoethog wedi ei wneud yn eu hamser hamdden.

9 Plas Mawr, Conwy

Sut fydden <u>ni</u>'n ailgreu stafell Duduraidd?

Y ffynhonnell

Mae ffotograff Cadw o Blas Mawr yn dangos y neuadd lle byddai'r gwesteion yn cael eu cyfarch a lle byddai'r teulu yn cynnal gwledd ar achlysuron arbennig.

Pam ddewiswyd hi?

a) i ddangos fod gwaith adfer, o reidrwydd, yn golygu rhywfaint o ddehongli o safbwynt lliwiau, defnyddiau a dodrefn; **b)** i ddangos sut fyddai Tuduriaid Cymreig cyfoethog yn gwario eu harian ar ôl dod nôl i Gymru.

Canlyniadau dysgu

Bydd disgyblion yn deall:
- y gall arteffactau ddweud wrthon ni am fywyd yn y gorffennol;
- fod rhai arteffactau cyfoes yn goroesi, tra bod rhaid gwneud copïau o rai eraill;
- pa fath o arteffactau cyfoes fyddai'n debyg o fod wedi goroesi;
- fod llawer o fwydydd pobl gyfoethog y cyfnod hwnnw yn wahanol i'n bwydydd ni heddiw.

Gwybodaeth gefndir

Plas Mawr oedd cartref Robert Wynn. Doedd gan Robert, a aned yng Ngastell Gwedir tua 1520, braidd dim gobaith o etifeddu stâd ei dad oherwydd fod ganddo frodyr hŷn, felly chwiliodd am swydd ar aelwyd teulu mwy cyfoethog na'i deulu ei hun. Yn y man, cafodd le yng nghartref Syr Philip Hoby, un o ffefrynnau llys Harri VIII. Byddai Hoby yn cael ei ddanfon ar negeseuon diplomatig, ac aeth yn llysgennad i Fflandrys yn ddiweddarach, ac aeth Wynn yno gydag e.

Wedi marwolaeth Hoby, daeth Robert yn ôl i ogledd Cymru. Gan nad oedd ganddo ei stâd ei hun, dechreuodd godi Plas Mawr ar ddarn o dir yng Nghonwy ym 1576. Prynodd ddarnau eraill o dir ym 1580 a 1585, a olygodd y gallai ehangu'r tŷ ac adeiladu porth.

Roedd y garreg o chwarel leol, ond roedd y gwaith coed yn cael ei saernïo mewn man arall, a'i ddwyn i'r safle i'w roi at ei gilydd. Oherwydd hynny, gwnaeth rhywun gamgymeriad: mae'n amlwg fod Robert am i bawb allu gweld y tu fewn i'r to crand gyda'i drawstiau a'i gyplau. Ond oherwydd camgymeriad yn y mesuriadau, doedd y to ddim yn berffaith, felly codwyd nenfwd plastr gan ddynion o Lundain i guddio'r camgymeriad.

Ar y llawr gwaelod roedd y neuadd, y parlwr, y gegin, y pantri a'r bracty. Roedd prif stafelloedd y teulu ar y llawr cyntaf: y siambr fawr, y siambr goch a'r siambr wen, a'r ddwy stafell wely. Roedd y gweision a'r morynion yn byw yn yr atig.

Gweithgareddau Cerdyn Ffynhonnell

1. Gwnewch restr o bum peth tebyg a phum gwahaniaeth rhwng y stafell lle byddwch chi'n bwyta gartref a'r neuadd yn y darlun.

2. Trafodwch beth mae'r ffynhonnell yma'n ei ddweud wrthoch chi am Gymry cyfoethog oes y Tuduriaid yng Nghymru, fel pam roedd arnyn nhw eisiau stafell mor fawr.

3. Penderfynwch a ydych chi'n credu fod y stafell wedi bod fel hyn er oes y Tuduriaid neu a ydy hi wedi cael ei hailgreu. Rhowch resymau dros eich atebion.

4. Os ydych chi'n credu ei bod wedi cael ei hailgreu, rhestrwch y dystiolaeth, e.e. enghreifftiau o ddodrefn Tuduraidd sy wedi goroesi, a beth arall fyddai ei angen i helpu i benderfynu sut olwg oedd ar ystafell 500 mlynedd yn ôl.

5. Rydych chi wedi cael y dasg o drefnu i ailgreu stafell. Rhestrwch beth rydych chi'n credu allai fod wedi goroesi, beth fyddwch yn gallu ei brynu, a beth fydd angen i chi gael copïau ohonyn nhw, e.e.

Efallai'n beth gwreiddiol	Angen copi, fwy na thebyg
e.e. Bwrdd	e.e. Mat brwyn

Ychwanegwch eich syniadau eich hun.

Gweithgareddau Cyffredinol

1. Ymchwiliwch, mewn grwpiau, i'r math o fwyd fyddai wedi bod mewn gwledd yn y neuadd a pharatoi bwydlen. Nodwch pa fwydydd na fydden ni'n eu bwyta heddiw.

10 Cartrefi'r iwmyn ffermwyr

CWESTIWN ALLWEDDOL

Sut mae'r dystiolaeth yma'n dangos sut newidiodd cartrefi a bywydau ffermwyr gweddol gefnog (yr iwmyn) yng Nghymru yn oes y Tuduriaid?

Y ffynhonnell

Mae'r ffotograffau'n dangos day dŷ: Hendre'r Ywydd, enghraifft o'r hen fath o dŷ canoloesol, sydd yn Amgueddfa Werin Cymru yn Sain Ffagan; a Tyddyn y Felin, yn sir Feirionnydd, enghraifft o'r tai deulawr newydd oedd yn cael eu hadeiladu o tua 1560 ymlaen.

Pam ddewiswyd hi?

a) i ddangos newidiadau yn ffordd o fyw'r iwmyn ffermwyr yn ystod cyfnod y Tuduriaid; **b)** fel enghraifft o gartrefi Tuduriaid ar y lefel rhwng y cyfoethogion a'r tlodion.

Canlyniadau dysgu

Bydd disgyblion:
- yn ystyried gwerth amgueddfeydd fel ffordd o ddiogelu, a'n helpu ni i ddysgu am y gorffennol;
- yn ymwybodol o wahaniaethau rhwng tai o wahanol gyfnodau yn yr oes, a'r newidiadau a fu, gan ddeall fod rhai newidiadau'n bwysicach nag eraill;
- yn ystyried achosion newid;
- yn deall beth yw rhestr eiddo a sut y gall ein helpu i ailgreu'r gorffennol.

Gwybodaeth gefndir

Pan aeth Harri VII yn frenin, roedd y rhan fwyaf o iwmyn ffermwyr a hyd yn oed rhai o'r mân foneddigion yn byw mewn tai un-llawr. Yn aml, byddai anifeiliaid y fferm yn byw y naill ben i'r tŷ a roedd stafelloedd y teulu y pen arall, gweithdy, neuadd neu stafell fyw, a stafell wely, fel arfer. Llawr pridd oedd gan y tŷ ac aelwyd agored yng nghanol y neuadd. Doedd dim simnai a gan mai dim ond drwy'r ffenestri y gallai awyr ddianc, roedd y neuadd yn llenwi â mŵg yn gyflym iawn. Roedd y dodrefn yn tueddu i fod yn gyntefig a doedd dim llawer ohono.

Erbyn oes Elisabeth, roedd y ffermwyr mwya cefnog wedi dechrau moderneiddio eu cartrefi. Roedden nhw wedi elwa ar y cyfnod o heddwch roedd y Tuduriaid wedi ei sicrhau, ac wedi gallu prynu mwy o dir (yn enwedig gyda'r broses o ddiddymu'r mynachlogydd). Dyma ddechrau dynwared tai newydd y boneddigion cyfoethog, ac un o'r pethau pwysicaf oedd adeiladu simnai. Roedd hynny nid yn unig yn tynnu'r mŵg o'r stafelloedd ond yn ei gwneud hi'n bosibl adeiladu llofft. Gallai rhai teuluoedd fforddio gwydr ar gyfer ffenestri, hyd yn oed, a felly aeth tai yn llawer cynhesach a mwy cysurus.

Mae rhestri eiddo'r cyfnod hefyd yn awgrymu gwell ffordd o fyw, gyda llawer o gyfeiriadau at welyau plu, cypyrddau, coffrau, cistiau, byrddau trestl, a chadeiriau. Roedd tegellau, ffrimpanau, llechi pobi, cigweiniau a mathau eraill o offer coginio i'w gweld o gwmpas yr aelwyd.

Gweithgareddau Cerdyn Ffynhonnell

1. Trafodwch pam rydych chi'n meddwl ei bod yn bwysig fod adeiladau fel hyn yn cael eu cadw.

2. Trafodwch y gwahaniaethau rhwng y cartrefi iwmyn Tuduraidd hyn, a'u rhestru, gan roi'r gwahaniaethau pwysicaf, yn eich barn chi, yn gyntaf.

   Henry VII_____Elizabeth

   e.e. (1) un llawr   llawr uchaf

3. Trafodwch pam, yn eich barn chi, y newidiodd cartrefi'r ffermwyr hyn. Gan ddefnyddio cymaint o ffynonellau ag sy'n bosibl i'ch helpu, paratowch hysbysiad 'Ar Werth' gwerthwr tai ar gyfer y ddau dŷ. Cymharwch eich un chi â rhai parau/grwpiau eraill.

Gweithgareddau Cyffredinol

1. Chi sy'n gyfrifol am ailadeiladu ffermdy yn Amgueddfa Werin Cymru. Rhestrwch y prif ffynonellau tystiolaeth a fydd yn eich helpu chi i ddodrefnu'r tŷ.

2. Gwnewch restr o'r pethau sydd gennych mewn un stafell yn eich cartref (rhestr eiddo) a gwnewch waith ymchwil er mwyn gallu gwneud rhestr o eiddo iwmon ffermwr o oes y Tuduriaid.

Tai'r tlodion

Sut allwn ni ddefnyddio tystiolaeth o gyfnod diweddarach i ailgreu adeilad?

Y ffynhonnell

Yn anffodus, adawodd pobl dlawd y cyfnod ddim llawer o dystiolaeth ar eu hôl. Nant Wallter, bwthyn o'r 18fed ganrif ddiweddar sydd yn Amgueddfa Werin Cymru yw'r enghraifft agosaf o dŷ yn perthyn i deulu tlawd. Mae'r arlunydd wedi defnyddio'r bwthyn yn sail i'w lun, gan adael allan unrhyw nodweddion o gyfnod diweddarach.

Pam ddewiswyd hi?

a) i ddangos nad yw cartrefi tlodion oes y Tuduriaid yn dal i sefyll, a bod rhaid i ni ddibynnu ar ailgreu;
b) i ddangos fod modd ailgreu ar sail tystiolaeth cyfnod diweddarach na'r gwreiddiol.

Canlyniadau dysgu

Bydd disgyblion yn ystyried:
- fod natur y defnyddiau adeiladu yn effeithio ar faint fydd tŷ yn para;
- y problemau a'r penderfyniadau sy'n wynebu arlunydd sy'n ceisio ailgreu golygfa;
- y gwahaniaethau posibl rhwng lluniau gwahanol arlunwyr;
- nad oes llawr o newid neu welliant i'w weld ym mywyd pobl dlawd dros ddwy ganrif;
- nodweddion yr adeiladau yn fanwl;
- y gwahaniaethau rhwng y ddau adeilad a ffordd o fyw y preswylwyr.

Gwybodaeth gefndir

Dydy hi ddim yn debyg fod dulliau adeiladu wedi newid rhwng oes y Tuduriaid a chyfnod adeiladu bwthyn Nant Wallter. Roedd waliau'n cael eu hadeiladu o gymysgedd o glai a gwellt o'r enw clom. Roedd y to o goed wedi eu bras-dorri, polion, plethwaith gyda tho mewnol o eithin o dan y to gwellt allanol weithiau. Byddai hwnnw'n cael ei ddal yn ei le â rhaffau gwellt, gyda thywairch i ddal yr ymylon i lawr.

Byddai wedi bod yn oer ac yn llaith, a gan nad oedd gan y bwthyn Tuduraidd (yn wahanol i Nant Wallter) simnai na gwydr yn y ffenestri, byddai'n llawn mŵg ac yn ddrafftiog hefyd. Llawr pridd fyddai gan y bwthyn, ac ar dywydd gwlyb neu oer, bydden nhw'n rhoi darn o liain olew neu fwrdd pren dros y ffenest, a fyddai'n gwneud y stafell yn dywyll iawn. Byddai rhaid cario dŵr o nant neu bistyll ger llaw gan na fyddai pobl dlawd wedi gallu fforddio cloddio ffynnon. Bydden nhw'n coginio dros aelwyd agored, gan ddefnyddio crochan, llechen bobi a thrybedd.

Byddai'r plant yn cysgu yn y grogloft neu'r daflod, llofft hanner agored uwch law stafell wely'r rhieni gydag ysgol yn arwain iddi. Dim ond gwellt, rhedyn neu frwyn oedd ar y gwelyau. Byddai wedi bod yn olygfa debyg i'r rhigwm Saesneg am ddeg yn y gwely, a phawb yn rholio drosodd ar yr un pryd. Roedd y plant yn helpu gyda gwaith o gwmpas y tŷ a ddim yn mynd i'r ysgol. Gyda'r nos, bydden nhw'n gwneud matiau rhacs neu'n gweu hosanau.

Gweithgareddau Cerdyn Ffynhonnell

1. Trafodwch pam, yn eich barn chi, nad ydy tai'r tlodion wedi para cystal â chartrefi pobl gyfoethog.

2. Mae'r arlunydd wedi defnyddio adeilad o gyfnod diweddarach i'w helpu i dynnu'r llun yma. Rhestrwch y problemau y byddai wedi eu cael a phethau roedd rhaid iddo benderfynu yn eu cylch. Er enghraifft, beth oedd rhaid iddo ei adael allan?

3. Trafodwch a fyddai arlunydd arall wedi tynnu llun o du fewn y tŷ yma yn union run fath. Rhowch resymau am eich atebion.

Gweithgareddau Cyffredinol

1. Roedd rhaid i'r arlunydd dynnodd y llun yma ddefnyddio adeilad diweddarach yn yr Amgueddfa Werin a fyddai wedi bod bron yn union run fath â chartrefi'r tlodion gafodd eu hadeiladu 200 mlynedd cyn hynny. Beth mae hynny'n ei ddweud wrthon ni am y tlodion, a'u hamodau byw ac amodau gwaith yn ystod y cyfnod hwnnw?

2. Crëwch daflen 'Ar Werth' gwerthwr tai ar gyfer y tŷ yma, gan roi manylion am yr adeiladwaith, defnyddiau, cyfleusterau coginio, cyflenwad dŵr, ac ati.

3. Gwnewch yr un fath ar gyfer cartref yr iwman (Cerdyn Ffynhonnell 10).

4. Ceisiwch eu 'gwerthu' i rywun arall yn y dosbarth.

12 | Trefi

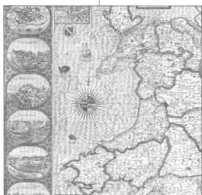

CWESTIWN ALLWEDDOL

Beth mae'r map yma'n ei ddweud wrthon ni am drefi Cymru yn oes y Tuduriaid?

Y ffynhonnell

Map John Speed o Gymru, dydiedig 1611 ond yn seiliedig ar amlinellau o'r 16eg ganrif.

Pam ddewiswyd hi?

a) i ddangos y gallwch ddefnyddio ffynhonnell i fwy nag un diben; **b)** gall disgyblion ddefnyddio cynllun o'r dref agosaf, gan ehangu'r cwmpas daearyddol; **c)** mae'n gadael iddyn nhw ystyried sut y cafodd y map ei greu.

Canlyniadau dysgu

Bydd disgyblion yn ystyried:

- yr onglau y 'mapiodd' Speed y trefi ohonyn nhw;
- pa mor gywir yw'r cynlluniau tref;
- beth sy'n nodweddiadol o leoliadau trefi'r Tuduriaid;
- bodolaeth barhaus trefi oes y Tuduriaid;
- penderfyniadau Speed ynglŷn â chynnwys/eithrio cynlluniau trefi;
- y rhesymau posibl dros ei benderfyniadau;
- nodweddion tebyg/gwahaniaethau rhwng 'eu' tref nhw yn oes y Tuduriaid ac yn y cyfnod modern;
- hanes cynnar 'eu' tref nhw, ac am faint o amser mae'r dref wedi bodoli.

Gwybodaeth gefndir

Roedd llawer o drefi yng Nghymru wedi tyfu yng nghysgod y cestyll, lle'r oedd yr arglwyddi pwerus yn annog eu cefnogwyr o Saeson i ddod i gychwyn masnachu. Erbyn oes y Tuduriaid, roedd y trefi hyn yn adfywio ar ôl cyfnod o gynnwrf economaidd, ac roedd y Cymry bellach yn cael dod i fyw ynddyn nhw a masnachu. Caerfyrddin ac Aberhonddu, mae'n debyg, oedd y trefi mwya yng Nghymru, ac yna Caerdydd, Hwlffordd, Abertawe, Wrecsam, Caernarfon a Phenfro.

Roedd y trefi'n ganolfannau masnach ac roedd gan y Cymry bellach bob hawl i fentro iddyn nhw. Fe aethon nhw'n ganolfannau gweinyddol, gyda Chymry'n dal swyddi pwysig. Roedd gan rai trefi urddau crefft, ond roedd y rhain yn mynd yn llai pwysig. Mewn rhai bwrdeistrefi, dechreuodd yr awdurdodau fynd yn gyfrifol am y marchnadoedd a chyhoeddi rheolau ar gyfer eu rhedeg.

Aeth muriau trefi yn bwysig, nid er mwyn cadw pobl allan, ond er mwyn nodi'r union ardal roedd y maer a'r gorfforaeth mewn awdurdod drostyn nhw. Nhw oedd yn rheoli pwy oedd yn cael masnachu, a ble a phryd y byddai'r marchnadoedd yn cael eu cynnal. Eu cyfrifoldeb nhw oedd cadw'r strydoedd yn lân hefyd

---

Gweithgareddau Cerdyn Ffynhonnell

1. Gan ddefnyddio'ch sgiliau gwneud mapiau daearyddol, cwblhewch y brawddegau hyn:

   (a) Allai John Speed ddim fod wedi tynnu cynlluniau .... (eich tref agosaf) fel mae wedi eu dangos nhw ar y ffynhonnell oherwydd...............

   (b) Gallai John Speed fod wedi tynnu cynlluniau .... (eich tref agosaf) fel mae wedi eu dangos nhw ar y ffynhonnell oherwydd...............

2. Siaradwch am:

   (a) ba mor gywir ydych chi'n credu y byddai cynlluniau Speed o'r dref;
   (b) sut ydyn ni'n mapio trefi yn y flwyddyn 2000.

Gweithgareddau Cyffredinol

1. Disgrifiwch leoliad daearyddol pob un o'r trefi. Rhestrwch y prif nodweddion y sylwch chi arnyn nhw. Penderfynwch ble fyddai wedi bod yn lle da i ddatblygu tref yn y cyfnod cyn y Tuduriaid.

2. Allwch chi ddod o hyd i'r holl drefi hyn ar fap modern o Gymru? Sgrifennwch ddwy frawddeg am beth mae hyn yn ei ddweud amdanyn nhw yn oes y Tuduriaid a sut mae patrwm trefi Cymru wedi newid dros amser.

3. Rhestrwch unrhyw drefi/dinasoedd yng Nghymru sydd heb fod ar fap Speed, ond sydd ar fap modern. Trafodwch **(a)** a fu rhaid iddo benderfynu pa drefi i'w cynnwys ar ei fap, a **(b)** os oes rhesymau eraill pam na chawson nhw mo'u cynnwys.

4. Dewch o hyd i'r dref nesaf at eich ysgol a'i chymharu â map modern o'r dref. Nodwch y gwahaniaethau a'r pethau sy'n debyg. Rhestrwch unrhyw adeiladau, fel cestyll, sy'n dal i sefyll.

5. Dewch o hyd i gymaint o wybodaeth ag y gallwch am hanes cynnar 'eich' tref. Ceisiwch ddarganfod a oedd /ers pryd roedd wedi bod yn dref cyn i Harri VII fynd yn frenin ym 1485.

13 Trosedd

Y ffynhonnell

Llun o'r 16eg ganrif yn dangos 'gwneud i wrach nofio' - menyw'n cael ei dowcio am fod pobl yn amau ei bod hi'n wrach.

Pam ddewiswyd hi?

a) fel enghraifft o ddarlunio cyfoes; **b**) i godi cwestiynau ynglyn â pham mae lluniau'n cael eu creu.

Canlyniadau dysgu

Bydd disgyblion:

- yn dechrau sylweddoli fod nifer o resymau dros wneud lluniau ar y pryd nad ydyn nhw bob amser yn amlwg i bobl sy'n edrych arnyn nhw'n ddiweddarach;
- yn sylweddoli y gall unigolion ddehongli'r darlun mewn gwahanol ffyrdd;
- yn penderfynu eu hunain beth mae'r darlun yn ei ddweud wrthyn nhw;
- yn dehongli'r ffynhonnell drwy sgrifennu adroddiad am ei gynnwys;
- yn dysgu am drosedd a chosb yn oes y Tuduriaid a dod i'w deall;
- yn dod i'w casgliadau eu hunain ynglŷn â thegwch.

Gwybodaeth gefndir

Doedd dim heddlu yn oes y Tuduriaid. Wedi'r Ddeddf Uno, Ynadon Heddwch oedd yn gweinyddu'r gyfraith yn holl siroedd Cymru. Roedden nhw'n cael eu dewis o blith y bonheddwyr lleol, a doedd dim rhaid iddyn nhw wybod dim am y gyfraith i allu dal y swydd. Roedd rhaid iddyn nhw fedru siarad Saesneg oherwydd hi oedd iaith y llysoedd. Roedd yr YH yn gyfrifol hefyd am ffyrdd a phontydd, prisiau, cyflogau a thafarndai.

Roedd pobl yn cael eu cosbi'n hallt, ac mewn ffyrdd anghyffredin weithiau. Ym 1574 cafwyd David ap Hopkin yn euog yng Nghaerdydd o lofruddio ei wraig. Y ddedfryd oedd gosod carreg a haearn ar ei gorff wrth iddo orwedd ar lawr, a bwydo bara a dŵr iddo bob yn eilddydd nes iddo farw. Cafodd Robert ap David, a gafwyd yn euog o ddwyn calch, ei osod yn y rhigod (pilori) yng Nghaernarfon ym 1563. Treuliodd Nicholas Richard dair awr mewn cyffion yn y Bontfaen ar ôl iddo ddwyn lledr ym 1560. Yr unig bryd y byddai troseddwyr hyn yn cael eu dal oedd pan redai'r dioddefwyr ar eu hôl. Mewn rhai llefydd, penodwyd cwnstabl plwyf, ond roedd y swydd yn mynd â dynion oddi wrth eu gwaith, a doedd braidd neb am fod yn gwnstabl.

Gweithgareddau Cerdyn Ffynhonnell

1. Dyma ddarlun sy'n dangos un o'r ffyrdd y byddai rhai roedd pobl yn amau eu bod yn wrachod yn cael eu trin. Edrychwch arno yn ofalus a meddyliwch amdano a thrafod beth mae'n ei ddweud wrthoch chi.

2. Edrychwch at y brawddegau canlynol, a rhoi 'G' yn ymyl y rhai rydych yn credu eu bod yn 'wir', 'A' wrth y rhai 'anwir', 'E' am 'efallai', ac 'W' am 'wn i ddim'.

Tynnwyd y llun i:
    (**a**) ddangos fod cyryglau'n cael eu defnyddio ar afonydd Cymru..............
    (**b**) fod yn rhybudd i wragedd eraill roedd pobl yn amau eu bod yn wrachod..............
    (**c**) ddangos sut y dylid cosbi'r rhai roedd pobl yn amau eu bod yn wrachod..............
    (**ch**) ddangos y ffasiynau diweddaraf i ddynion..............
    (**d**) ddangos mai dynion oedd yn gweinyddu'r gosb..............
    (**dd**) ddangos mor greulon oedd y gosb yma..............

3. Sgrifennwch dair brawddeg yn dweud pam rydych chi'n credu y cafodd y llun ei dynnu, yn dechrau gyda 'Rwy'n credu ....oherwydd ....'

4. Cymharwch beth rydych chi wedi ei sgrifennu gyda pharau/grwpiau eraill, a phenderfynwch, fel dosbarth, ar un frawddeg sy'n disgrifio beth yw neges y llun i chi i gyd.

Gweithgareddau Cyffredinol

1. Sgrifennwch adroddiad newyddion i fynd gyda'r llun.

2. Ymchwiliwch i fathau eraill o gosbi yn oes y Tuduriaid a phenderfynu a ydych chi'n meddwl fod rhai ffyrdd o gosbi'n deg ai peidio.

14 | Pysgota

CWESTIWN ALLWEDDOL

Sut all tystiolaeth o gyfnod diweddarach ddysgu i ni am bysgota yn oes y Tuduriaid?

Y ffynhonnell

Ffotograff o'r 19fed ganrif ddiweddar o bysgotwyr cregyn yng Nghonwy, Gwynedd. Mae hefyd yn dangos menywod a bechgyn yn gweithio ochr yn ochr â'r dynion.

Pam ddewiswyd hi?

I ddangos (**a**) bod tystiolaeth o gyfnod diweddarach yn gallu dweud wrthon ni am un math o bysgota yn oes y Tuduriaid; (**b**) mai ychydig o newid fu mewn dulliau pysgota rhwng oes y Tuduriaid ac oes Victoria; (**c**) fod menywod yn rhan hanfodol o'r diwydiant pysgota yn oes y Tuduriaid ac yn y 19eg ganrif.

Canlyniadau dysgu

Bydd disgyblion yn deall:
- nad ydy rhai technolegau, fel dulliau pysgota, ddim yn newid am ganrifoedd lawer;
- y gall tystiolaeth o adeg diweddarach ein helpu i deall ffordd o fyw pobl amser maith yn ôl, e.e. dulliau pysgota, rhan menywod yn y diwydiant;
- y gall mathau eraill o dystiolaeth gadarnhau cyn lleied a newidiodd dros y canrifoedd, e.e. ysgrifennu, peintiadau, arteffactau;
- bod pethau tebyg a gwahaniaethau dros amser mewn agweddau ar fywyd fel pysgota;
- faint a pha fath o bysgod fyddai'r Tuduriaid yn eu bwyta;
- sut newidiodd pysgota afonydd o fod yn rheidrwydd i fod yn bleser awr hamdden;
- y gall pethau newid ar wahanol gyflymdra dros bum canrif.

Gwybodaeth gefndir

Roedd digonedd o bysgod yn afonydd Cymru ac o gwmpas ei glannau yn yr 16eg ganrif, a byddai pysgotwyr yn dal niferoedd mawr o eogiaid, lledod, cimychiaid, penwaig a llysywod. Roedd hi'n hawdd iawn hel pysgod cregyn fel cregyn glas, cocos a wystrys ar hyd y glannau. Roedd pysgota ar y môr yn aml yn waith rhan-amser, tymhorol, gyda sawl teulu yn rhan-berchenogion ar un cwch.

Roedd penwaig yn cael eu dal â rhwydi a fyddai'n nofio gyda'r llanw, gyda'r pysgotwyr yn eu bwrw i'r dŵr gyda'r hwyr a'u tynnu i'r lan fore drannoeth. Roedd llefydd fel Biwmares, Aberystwyth a Dinbych-y-pysgod yn fwrlwm prysur yn ystod y tymor penwaig ym mis Medi, a byddai'r pysgod yn cael eu rhoi mewn casgenni o halen a'u danfon i'r farchnad.

Yn aml, byddai cored bysgod ar fannau allweddol ar afonydd, rhai carreg, coed a phlethwaith. Byddai'r pysgod yn nofio dros y gored gyda'r llanw ac yn cael eu dal yno gyda'r trai. Yn aber afon Hafren, byddai pysgotwyr yn defnyddio trapiau basgedi gwiail i ddal eogiaid, gan ddal llysywod mewn rhai llai. Roedd traddodiad teuluol o bysgota â chyryglau a rhwydi ar lawer o afonydd, gyda'r math o gwrwgl yn amrywio o afon i afon.

Gweithgareddau Cerdyn Ffynhonnell

1. Sgrifennwch dair brawddeg am y darn pwysicaf o wybodaeth mae'r ffynhonnell hon yn ei roi i chi. Penderfynwch fel dosbarth beth yw'r wybodaeth bwysicaf, gan roi rhesymau.

2. Rhestrwch pa dystiolaeth arall y gallem ei defnyddio i ddysgu a oedd pysgota yng nghyfnod y Tuduriaid yn debyg, go iawn, i beth sydd i'w weld yn y ffotograff yma.

3. Penderfynwch beth sy'n debyg a beth sy'n wahanol rhwng y llun yma a ffotograff modern o bysgotwyr.

Gweithgareddau Cyffredinol

1. Gan ddefnyddio llyfr o ryseitiau Tuduraidd, rhestrwch y mathau o (**a**) bysgod môr a (**b**) pysgod afon fyddai pobl gyfoethog a phobl dlawd yn eu bwyta, a sut fyddai'r pysgod yn cael eu paratoi.

2. Cymharwch eich canlyniadau gan ddefnyddio llyfr coginio modern.

3. Trafodwch a ydy pysgota môr ac afon wedi newid er oes y Tuduriaid ac oes Victoria, a thrafodwch a ydy'r rhesymau y bydd pobl yn mynd i bysgota yn y môr ac ar afonydd wedi newid hefyd.

4. Penderfynwch fel dosbarth beth ydy'r newid pwysicaf er oes y Tuduriaid.

5. Tynnwch ddwy linell amser syml (mewn canrifoedd) o'r 16eg ganrif tan heddiw, a nodwch pa bryd y bu'r newid mwyaf yn y diwydiant pysgota môr ac afon. Trafodwch y pethau rydych wedi sylwi arnyn nhw.

15 Ffermio

Y ffynhonnell

Darlun mewn llawysgrif o'r 15fed ganrif ddiweddar. Mae'n dod o fersiwn Ffrangeg o lyfr o'r enw 'Liber ruralium commordoram' gan Pietro de Crescenzi.

Pam ddewiswyd hi?

a) i ddangos fod lluniau o ddiwydiannau fel ffermio yn gallu creu llun delfrydol o fywyd ffermwr, gan fethu dangos pa mor galed oedd y gwaith mewn gwirionedd;
b) am ei bod yn ffynhonnell gyfoes.

Canlyniadau dysgu

Bydd disgyblion:
- yn dechrau sylweddoli nad ydy lluniau o fywyd bob-dydd yn y gorffennol bob amser yn dangos pethau go iawn, fel caledi bywyd ar y fferm yn oes y Tuduriaid;
- yn cymharu dulliau ffermio dros gyfnod o 500 mlynedd;
- yn gweld newidiadau mewn dulliau ffermio ac yn dod i ddeall y flwyddyn fferm;
- yn deall mor bwysig oedd ffermio i fywyd yng Nghymru yn y cyfnod yma.

Gwybodaeth gefndir

Yn oes y Tuduriaid, dechreuodd ffermydd ddatblygu ffurf gyfarwydd, gyda chaeau â pherthi, waliau a ffosydd. Roedd bron pawb yng Nghymru'n ennill eu tamaid ar y tir, ac roedd dulliau ffermio'n dibynnu ar anghenion ac amodau lleol. Byddai pob ffermwr yn ceisio bod mor hunan-gynhaliol a phosib, a dim ond beth oedd dros ben oedd yn mynd i'r farchnad.

Roedd rhai rhannau o Gymru yn tyfu digon o ŷd i allu ei allforio i Iwerddon. Roedd gwenith, ceirch a barlys yn boblogaidd, a rhyg yn cael ei dyfu ar dir gwael. Roedd ychydig o ffa a phys yn cael eu tyfu, a weithiau cywarch, llin a hopys.

Roedd gwartheg yn cael eu magu am gig a llaeth er bod sôn am 'dda blithion' mewn rhai rhestri eiddo, ac roedd cryn fasnach mewn menyn o Fro Morgannwg. Byddai gwartheg eidion yn cael eu gwerthu yn ffeiriau'r haf i ddelwyr neu borthmyn ac mewn rhai ardaloedd roedd gwartheg yn dal i gael eu lladd yn yr hydref am nad oedd digon o borthiant gaeaf ar gael.

Roedd defaid yn cael eu magu am eu gwlân oedd yn mynd i farchnadoedd lleol yng Nghymru neu i Loegr. Roedd ychain yn cael eu magu i dynnu'r arad neu geirt y fferm. Yn ddiweddarach yn y cyfnod yma, dechreuodd ceffylau gymryd eu lle, ac roedd martiau ceffylau prysur yn sir Benfro, sir Faesyfed a gorllewin Gŵyr. Byddai'r rhan fwyaf o ffermydd wedi cadw moch, gwyddau, hwyaid a ieir hefyd.

Gweithgareddau Cerdyn Ffynhonnell

1. Edrychwch ar lyfrau ynglŷn â ffermio yn yr 20fed ganrif. Trafodwch y prif wahaniaethau rhwng y ddau gyfnod.

2. Edrychwch ar y brawddegau canlynol a rhowch 'G' wrth y rhai rydych chi'n credu eu bod yn 'wir', 'A' am 'anwir, ac 'W' am 'wn i ddim'.
   a) Mae'n debyg fod yr arlunydd yn ffermwr...............
   b) Roedd am ddangos ffermio fel oedd hi go iawn...............
   c) Fe beintiodd hwn ar fferm iawn gan ddefnyddio'r ffermwr a'i weithwyr fel modelau...............
   ch) Cafodd y llun ei beintio adeg y cynhaeaf...............
   d) Roedd pob fferm Duduraidd yn edrych fel hyn...............
   dd) Doedd yr arlunydd ddim am beintio'r peiriannau...............
   (Does dim atebion cywir neu anghywir, ond bydd rhaid i chi esbonio pam ddewisoch chi ateb fel hyn.).

3. Siaradwch am eich atebion a'r rhesymau drostyn nhw.

Gweithgareddau Cyffredinol

1. Rhowch groes yn ymyl pedwar gweithgaredd ffermio yn y llun, a llanw'r tabl:

Gweithgaredd	'Run Fath yn 2000	Gwahanol yn 2000

2. Ymchwiliwch i'r flwyddyn ar fferm Gymreig yn oes y Tuduriaid a gwnewch olwyn yn dangos gwaith y fferm ym mhob mis neu bob tymor. Gwnewch yr un fath am ffermio heddiw.

3. Rhestrwch dri o'r prif wahaniaethau rhwng ffermio a bwyd 500 mlynedd yn ôl a nawr.

Bwyd a pharatoi bwyd

CWESTIWN ALLWEDDOL

Sut fyddech chi'n mynd ati i adfer stafell fel y gegin yma?

Y ffynhonnell

Ffotograff o'r gegin ym Mhlas Mawr, fel mae'n cael ei gweld gan y cyhoedd heddiw.

Pam ddewiswyd hi?

a) fel enghraifft ddiweddar o ailgreu cegin ym mhlasty teulu Cymreig cyfoethog yn oes y Tuduriaid, sydd bellach ar agor i'r cyhoedd; **b)** i ddangos fod adfer yn fater o ddehongli'r gorffennol ar sail ymchwil.

Canlyniadau dysgu

Bydd disgyblion yn ystyried:

- yr amrywiaeth o wahanol adeiladau maen nhw wedi ymweld â nhw;
- yr enghreifftiau o adfer maen nhw wedi eu gweld, ac effaith y rheini arnyn nhw;
- fod adfer fel hyn yn fater o ddehongli'r gorffennol ar sail ymchwil;
- y materion i'w hystyried pan gaiff rhywle ei adfer;
- y gwahaniaeth yn arferion coginio a bwyta a bwyd y cyfoethog a'r tlawd yn oes y Tuduriaid;
- fel mae'r wybodaeth sydd i'w chael o dair ffynhonnell wahanol yn amrywio.

Gwybodaeth gefndir

Er ei bod yn fwy anodd cael gwybod beth fyddai pobl gyffredin yn ei fwyta, mae tystiolaeth hwylus ar gael am fwydydd pobl gyfoethog. Roedden nhw'n gallu prynu eu bwyd, lle'r oedd y teuluoedd cyffredin yn y wlad yn cynhyrchu eu bwyd eu hunain.

Byddai prydau cig wedi cynnwys cig mollt (cig dafad), cig llo, eidion, porc, traed lloi a chig moch. Ffefrynnau eraill oedd pastai ŵy a grual gafr. Y ffasiwn oedd i bobl gyfoethog fwyta bara gwyn, ond roedd y rhan fwyaf o bobl yn bwyta bara ceirch, pwdin pys a bara rhyg.

Byddai llysiau wedi cynnwys winwns, ffa, maip, cennin, bresych a phanas. Roedd pobl weddol gyfoethog yn bwyta afalau, eirin, mefys, mwyar duon a cheirios, tra dechreuodd y bobl fwyaf cyfoethog dyfu bricyll, orennau, lemonau a mafon yn eu gerddi. Bydden nhw'n yfed cwrw cartref, cwrw brwd neu laeth sur gyda'u bwyd. Yn oes Elisabeth I, aeth siwgr yn ffasiynol ymhlith y cyfoethogion, ond roedd teuluoedd tlawd yn dal i ddefnyddio mêl i wneud eu bwyd yn felys. Roedd y bobl fwyaf tlawd yn dal i fyw ar botes yn bennaf.

Bydden nhw'n coginio ar aelwyd agored gan ddefnyddio crochan, maen (llechen bobi) a chrochan pobi. Yn y tai mwy cefnog, bydden nhw'n defnyddio ffwrn wal. Roedd y bwyd yn dod ar blatiau pren sgwâr â phant bach ynddyn nhw ar gyfer halen a phant mawr yn y canol ar gyfer y cig a'r grefi. Roedd gan bobl lwyau a chyllyll dur, ond dim ffyrc. Bydden nhw'n tywallt cwrw a gwin o jwg ledr neu gorn ac yn yfed o gwpan pren. Roedd gan dai mwy cefnog lestri pridd a phiwtar, gyda gwydr yn y cartrefi mwya cyfoethog.

Gweithgareddau Cerdyn Ffynhonnell

1. Fel dosbarth, gwnewch restr o'r holl adeiladau rydych chi wedi ymweld â nhw, gyda'r ysgol neu gyda'ch teulu, sy wedi dangos i chi sut beth oedd bywyd yn y gorffennol.

2. Trafodwch beth oedd yn wahanol/yr un fath am yr adeiladau, ac a oedd rhai ohonyn nhw wedi cael eu hadfer i edrych fel roedden nhw pan oedd yr adeilad yn cael ei ddefnyddio. Sgrifennwch beth oeddech chi'n ei hoffi/ddim yn ei hoffi (a pham) am un neu ddau ohonyn nhw, a chymharwch eich atebion.

3. Chi sy'n gyfrifol am adfer cegin Duduraidd. Eich cyfrifoldeb chi yw dehongli'r gorffennol. Sgrifennwch am sut fyddwch chi'n mynd ati. Cofiwch y bydd rhaid i chi feddwl am bethau fel: y gost, pa arteffactau fydd ar gael; amser; ymchwil hanesyddol; anghenion ymwelwyr; mor bwysig yw hi i gael pethau'n 'iawn' yn hanesyddol.

Gweithgareddau Cyffredinol

1. Dewch o hyd i dri llyfr am fwyd yn oes y Tuduriaid (Ffynonellau 1, 2 a 3) a llenwch y tabl yma:

	Ffynhonnell 1		Ffynhonnell 2		Ffynhonnell 3	
	Cyfoethog	*Tlawd*	*Cyfoethog*	*Tlawd*	*Cyfoethog*	*Tlawd*
Dulliau coginio						
Cig						
Ffrwythau						
Llysiau						
Faint o fwyd						

Ychwanegwch resi eraill wrth i chi feddwl am bethau eraill, e.e., llestri coginio a bwyta.

2. Gan esgus eich bod yn awdur llyfrau am fwyd, sgrifennwch ddwy erthygl: y gyntaf am fwyd ac arferion bwyta pobl gyfoethog; yr ail am fwyd ac arferion bwyta pobl dlawd yn oes y Tuduriaid,

17 | Salwch

CWESTIWN ALLWEDDOL

Faint mae'r ffynhonnell yma'n ein helpu ni i ddysgu am salwch a meddygaeth yn oes y Tuduriaid?

Y ffynhonnell

Engrafiad gan Johannes Stradanus (1523-1605) yn dangos meddyg yn ymweld â chlaf tra bod ei gynorthwydd yn cymysgu moddion. Ganed Stradanus yn Bruges ond aeth i'r Eidal, lle bu'n gweithio i'r Pab.

Pam ddewiswyd hi?

Fel enghraifft o olwg gyfoes ar feddygaeth yn oes y Tuduriaid.

Canlyniadau dysgu

Bydd disgyblion:
- yn deall fod pobl dlawd a chyfoethog yn y cyfnod yma yn derbyn yr un driniaeth feddygol;
- yn gweld fod rhai gwahaniaethau yn nodweddion (salwch a thriniaeth feddygol) dau gyfnod;
- yn nodi manylion o bwys mewn ffynhonnell;
- yn gofyn ac yn ateb cwestiynau hanesyddol;
- yn ymchwilio gan ddefnyddio hanes llafar;
- yn cyflwyno eu canlyniadau mewn nifer o ffyrdd.

Gwybodaeth gefndir

Doedd dim llawer o wybodaeth feddygol yn oes y Tuduriaid, a doedden nhw ddim yn gwybod beth oedd llawer o afiechydon, er eu bod yn gyfarwydd â'r frech wen a'r 'clefyd chwysu' (rhywbeth tebyg i ffliw).

Gan nad oedd llawer o feddygon yng Nghymru, byddau pobl yn dibynnu ar gymysgedd o foddion llysieuol, bwydydd arbennig, astroleg, swynion a gwaedu i gadw'r pedwar 'anian' (hylifau'r corff) yn gytbwys.

Mewn rhai rhannau o'r wlad, roedd meddyginiaethau Meddygon Myddfai, ger Llanymddyfri, yn dal yn boblogaidd. Roedd llawer o'r rhain yn seiliedig ar blanhigion a 'dysgeidiaeth yr arwyddnodau', sef y gred fod gan y rhan fwyaf o blanhigion arwyddnod sy'n dweud pa afiechyd y gallan nhw ei wella. Felly roedd enwau rhai planhigion yn cyfeirio at yr organau roedden nhw i fod i allu eu gwella o afiechyd, e.e. llyngyr yr ysgyfaint, llysiau'r llygaid.

Mae llawer o'r llysiau oedd yn cael eu defnyddio bryd hynny yn tyfu yn yr ardd heddiw. Roedd balm lemon yn gwella pen tost a phigo pryfed; roedd lafant yn lleddfu gwynegon neu gryd cymalau; roedd mintys yn helpu person i gysgu ac yn dda at beswch ac annwyd; roedd teim yn wrthseptig; ac roedd saets, wedi ei gymysgu â halen, yn dda am lanhau dannedd (newydd gael ei ddyfeisio oedd y brws dannedd, ym 1496).

Bydden nhw'n defnyddio gelod i sugno gwaed 'drwg' i ostwng gwres y claf, a byddai 'barbwr-feddygon' yn gwaedu eu cleifion (dyna pam mae polyn streips coch a gwyn tu allan i siop y barbwr).

Gweithgareddau Cerdyn Ffynhonnell

1. Trafodwch beth roeddwch chi'n ei wybod eisoes am foddion cyn oes 'meddygaeth fodern' ac a oedd y driniaeth fyddai pobl yn ei chael yn dibynnu ar p'run ai oedden nhw'n gyfoethog neu'n dlawd;

2. Gydag inc golchi-ymaith, nodwch unrhyw beth ar y llun sy'n dweud rhywbeth pwysig, yn eich barn chi.

Gweithgareddau Cyffredinol

1. Gofynnwch i mamgu/datcu/nain/taid ydyn nhw'n cofio unrhyw 'foddion' i wella salwch.

2. Gan weithio gyda phartner, gofynnwch un cwestiwn i'ch gilydd am feddygaeth yn oes y Tuduriaid a gwnewch waith ymchwil i ddod o hyd i'r ateb.

3. Edrychwch ar lyfrau ynglŷn â llysiau a gwnewch lyfr dosbarth o feddyginiaethau llysieuol.

4. Dyluniwch ardd lysiau a chynhyrchu cynllun ohoni ar gyfrifiadur.

5. Dewiswch feddyginiaeth syml y daethoch o hyd iddi a'i gwneud yn y dosbarth, e.e. lemon a mêl i wella annwyd.

6. Rhestrwch bob ffynhonnell rydych wedi ei defnyddio i ddysgu mwy am salwch yn oes y Tuduriaid.

18 Mwyngloddio

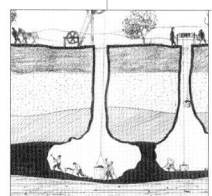

CWESTIWN ALLWEDDOL

Allwn ni ddeall beth sy'n digwydd yn y darlun yma?

Y ffynhonnell

Darlun yn dangos pyllau 'cloch', o werslyfr ysgol a gyhoeddwyd ym 1972 o'r enw 'Plant yn y Pyllau Glo'.

Pam ddewiswyd hi?

Fel enghraifft o ddarlun diweddar o un math o fwyngloddio o oes y Tuduriaid.

Canlyniadau dysgu

Bydd disgyblion:
- yn gwerthuso ansawdd y ffynhonnell o safbwynt y wybodaeth mae'n ei rhoi;
- yn defnyddio'r ffynhonnell i gynhyrchu adroddiad ysgrifenedig o beth mae'n ei ddweud wrthon ni;
- yn cymharu adroddiadau ysgrifenedig;
- yn nodi beth nad ydy'r ffynhonnell yn ei ddweud wrthyn nhw;
- yn deall gwahanol ddulliau o gloddio am lo;
- yn nodi ble mae meysydd glo Cymru;
- yn ystyried newid dros amser yn y diwydiant glo.

Gwybodaeth gefndir

Am ganrifoedd, roedd glo wedi cael ei gloddio yng Nghymru drwy gloddio pyllau bas ar siâp clychau. Roedd y glo'n cael ei ddefnyddio'n lleol, fel arfer, ond oherwydd y galw cynyddol am lo o Ffrainc, Iwerddon a Lloegr, dechreuwyd cloddio'n ddyfnach. Datblygodd pyllau glo mewn ardaloedd newydd o gwmpas Abertawe, Castell-nedd, Llanelli, sir Benfro ac ar gyrion Bro Morgannwg. Roedd tanau glo mor boblogaidd yn Llundain erbyn diwedd oes Elisabeth fel bod mwy na 200 o lanhawyr simneiau yn gweithio yn y ddinas.

Roedd pyllau mawr yn cyflogi rhyw 16 o weithwyr, yn cynnwys menywod a phlant: 3 i gloddio, 7 i gario, 1 i lenwi, 4 i ddirwyn a 2 i ridyllu. Roedden nhw'n gweithio o 6 y bore tan 6 yr hwyr, gydag awr o hoe am ginio. Roedden nhw'n gallu cloddio 100 casgennaid o lo y dydd, gyda'r casgenni'n cael eu llusgi i'r wyneb gyda chraen geffyl neu ddirwynlath. Byddai menywod a phlant yn gweithio o dan amodau ofnadwy, a'r unig olau oedd canhwyllau gwêr yn sefyll mewn peli o glai.

Roedd plwm yn cael ei gloddio ym Morgannwg hefyd, ac yn enwedig ger y Waun, lle gwnaeth teulu'r Myddeltoniaid ffortiwn.

Gweithgareddau Cerdyn Ffynhonnell

1. Edrychwch yn ofalus ar y llun yma o fwyngloddio yn oes y Tuduriaid, a thrafodwch a ydy e'n ddarlun da.

2. Sgrifennwch adroddiad papur-newydd byr i fynd gyda'r llun, yn egluro beth sy'n digwydd. Cyfnewidiwch eich adroddiad gyda'ch partner ar ôl gorffen, a siaradwch am y gwahaniaethau yn y ddau adroddiad.

3. Gwnewch restr o'r cwestiynau yr hoffech eu gofyn i'r glowyr yn y llun.

4. Rydych wedi nodi'r ffeithiau mae'r llun wedi eu rhoi i chi; nawr, siaradwch am beth nad ydy'r llun yn ei ddweud. Tynnwch lun arall i ddangos hynny.

Gweithgareddau Cyffredinol

1. Ymchwiliwch i ddulliau eraill o gloddio glo yng Nghymru.

2. Marciwch y meysydd glo ar fap o Gymru.

3. Trafodwch pam mae cyn lleied o byllau glo yng Nghymru erbyn hyn.

19 Ffyrdd

CWESTIWN ALLWEDDOL

Beth mae'r ffynhonnell yma'n helpu haneswyr i'w ddeall ynglŷn â phontydd a chludiant yn oes y Tuduriaid?

Y ffynhonnell

Ffotograff o Bont Minllyn ar afon Dyfi yn Ninas Mawddwy yng Ngwynedd.

Pam ddewiswyd hi?

a) fel enghraifft o arteffact gwreiddiol sy wedi goroesi o'r cyfnod; **b**) fel tystiolaeth o system gludiant y cyfnod; **c**) fel enghraifft o sut y gall adeiladau roi darlun o'r cyfnod i haneswyr.

Canlyniadau dysgu

Bydd disgyblion:
- yn ystyried pa dystiolaeth mae'r ffynhonnell yn ei ddarparu;
- yn gofyn ac ateb cwestiynau ynglŷn â beth nad ydy'r ffynhonnell yn ei ddweud wrthon ni;
- yn dysgu am nodweddion cludiant yn oes y Tuduriaid a dod i ddeall hynny;
- yn rhoi trefn ar eu canlyniadau a'u cyflwyno;
- yn gwneud gweithgaredd Dylunio a Thechnoleg.

Gwybodaeth gefndir

Pont Minllyn yw un o'r tair pont gyhoeddus maen nhw'n dweud i Dr. John Davies eu hadeiladu yn ystod blynyddoedd olaf teyrnasiad Elisabeth. Mae ganddi ddau fwa sy'n ymestyn ar draws rhyw 20 meter o afon, dim canllawiau ac mae'r rhyw dair meter o led.

Doedd ffyrdd yn oes y Tuduriaid yn ddim mwy na llwybrau di-gynllun wedi eu creu gan draed pobl yn cerdded, a bydden nhw'n aml yn symud wrth i bobl adael y llwybr gwreiddiol i ddod o hyd i ddarn sych i gerdded arno.

Ym 1555 pasiwyd deddf oedd yn dweud fod rhaid i bawb ym mhob plwyf dreulio chwe diwrnod yn olynol yn yr haf yn trwsio'r ffyrdd. Yr Ynadon Heddwch oedd i fod i sicrhau fod hyn yn digwydd, ond yn aml fydden nhw ddim yn gwneud. O ganlyniad, roedd ffyrdd a phontydd mewn cyflwr gwael.

Roedd rhaid i'r tlodion gerdded, byddai'r cyfoethogion yn marchogaeth, a byddai nwyddau'n cael eu cludo gan geffyl pwn. Roedd ffyrdd y Tuduriaid yn fannau peryglus: byddai ceirt yn aml yn torri eu holwynion neu'n llithro oddi ar bontydd pren, a byddai gwylliaid a lladron pen ffordd yn disgwyl am y teithiwr diarwybod. Roedd yn well gan lawer o bobl deithio'n araf gyda'r porthmyn i fod yn ddiogel.

Gweithgareddau Cerdyn Ffynhonnell

1. Mae Pont Minllyn wedi bod yno er oes y Tuduriaid. Ticiwch frawddeg os ydych chi'n meddwl ei bod yn wir:

Mae'r bont yn helpu haneswyr i ddysgu:	
pa ddefnyddiau a ddefnyddiwyd i godi pontydd	
lled ceirt yn oes y Tuduriaid	
y ffordd y cafodd ei chodi	
beth oedd yn cael ei roi ar wyneb y ffyrdd	
cyfeiriad ffyrdd yn yr ardal	

2. Siaradwch am beth <u>nad ydy'r</u> llun yn ei ddweud wrthon ni am deithio yn oes y Tuduriaid, a gwnewch restr o gwestiynau fyddech chi'n hoffi cael atebion iddyn nhw.

3. Dewch o hyd i lun o bont fodern, a gwnewch restr o beth rydych chi'n feddwl fydd y bont yn ei ddweud wrth haneswyr ymhen 500 mlynedd am gludiant yn y flwyddyn 2000.

Gweithgareddau Cyffredinol

1. Dewch o hyd i'r atebion i'ch cwestiynau yng Ngweithgaredd 2.

2. Gwnewch lyfr ar 'Deithio yn oes y Tuduriaid' a'i roi yn llyfrgell yr ysgol.

3. Cynlluniwch a gwnewch fodel o'r bont. Rhowch brawf arni i weld faint o bwysau y gall ei ddal.

20 Masnach ar fôr

CWESTIWN ALLWEDDOL

Sut oedd nwyddau'n cyrraedd Cymru yn oes y Tuduriaid?

Y ffynhonnell

Helaethiad o un rhan o fap Christopher Saxton o 1580, yn dangos llongau oddi ar arfordir de Cymru.

Pam ddewiswyd hi?

a) fel enghraifft o fap o Gymru a gynhyrchwyd yn oes y Tuduriaid; **b)** i ddangos y gall haneswyr ddefnyddio un ffynhonnell i ymchwilio i sawl gwahanol gyfeiriad.

Canlyniadau dysgu

Bydd disgyblion:
- yn deall y gall ffynhonnell roi mwy o wybodaeth nag oedden nhw'n disgwyl yn wreiddiol;
- yn deall y gall hanesydd ddefnyddio un ffynhonnell i ddarganfod gwahanol ddarnau o wybodaeth;
- yn gofyn ac yn ateb cwestiynau hanesyddol;
- yn deall fod cludiant a theithio yng Nghymru'r Tuduriaid yn wahanol iawn i heddiw;
- yn sylweddoli fod masnachu yng Nghymru'r Tuduriaid yn broses ddwy-ffordd;
- yn ymchwilio, yn trefnu ac yn cyflwyno'r hyn maen nhw wedi ei ddarganfod.

Gwybodaeth gefndir

Yn oes y Tuduriaid, y ffordd gyflymaf a mwyaf diogel o gludo nwyddau yn aml oedd ar y môr. Oherwydd hynny, roedd llu o borthladdoedd ar hyd glannau Cymru, o'r Barri ac Aberddawan ym Mro Morgannwg, i Gaerfyrddin, Dinbych-y-pysgod, Aberteifi ac Aberporth yn y gorllewin, a Chaernarfon, Biwmares a Chonwy yn y gogledd.

Roedd y porthladdoedd hyn yn masnachu gyda Lerpwl, Bryste, gorllewin Lloegr ac Iwerddon, gan ddefnyddio llongau hwylio un-hwylbren, gwaelod-gwastad, 20 - 60 tunnell. (Byddai neuadd ysgol gyffredin yn gallu dal llong o'r fath.) Doedd braidd dim bwrdd gan y llong, a dim cabanau byw neu gysgu. Byddai'r criw yn cynnwys y capten (perchennog y llong, yn aml), morwr neu ddau a bachgen, ac roedd ganddyn nhw waith eraill heb law am hwylio.

Byddai'r llongau bach yma'n cludo da byw, cynnyrch fferm, grawnfwydydd, caws a menyn, gwlân a lliain, pysgod, glo a haearn, ac yn dod nôl i Gymru â nwyddau moethus fel gwinoedd, lliain, siwgr, potiau corn simnai, a hyd yn oed ffwrnesi clai. Byddai llongau mwy o faint yn hwylio yn ôl a blaen i Ffrainc a Sbaen, gan gyfnewid gwinoedd, halen, rhesins, a defnydd cain am wlân Cymreig, lliain, glo, haearn a phlwm.

Gweithgareddau Cerdyn Ffynhonnell

1. Edrychwch ar fap modern o Gymru a thrafodwch sut mae'n wahanol i fap Christopher Speed o 1580.

2. Gwnewch restr o dri chwestiwn i ofyn i'ch partner ynglŷn â map Speed. Cyfnewidiwch eich cwestiynau, a cheisiwch eu hateb.

3. Gan ddefnyddio beth rydych yn ei wybod o Gerdyn Ffynhonnell 19, ticiwch y frawddeg rydych chi'n meddwl sy'n gywir:

Roedd Speed yn tynnu lluniau llongau i wneud i'r map edrych yn bert ac i lenwi lle gwag.	
Tynnodd Speed y llongau am eu bod nhw'n ffordd bwysig o deithio nôl ac ymlaen o Gymru	
Roedd Speed yn ymddiddori mewn llongau ac yn hoffi tynnu lluniau ohonyn nhw	

Gweithgareddau Cyffredinol

1. Ar y map, marciwch y porthladdoedd rydych yn gallu eu gweld, ynghyd â'r afonydd y gallai cychod gweddol fawr deithio arnyn nhw.

2. Sortiwch gardiau yn bentyrau 'nwyddau i mewn' a 'nwyddau allan' ar gyfer porthladdoedd Prydain a rhai'r cyfandir.

3. Sgrifennwch restr o'r cargo fyddai'n cael ei gludo allan ar long fechan o'r porthladd agosaf atoch chi. Marciwch y fordaith ar fap o Gymru a Lloegr.

4. Ymchwiliwch i wahanol fathau o longau'r cyfnod, a dangos eich canlyniadau ar ffurf llyfr cyfeiriadol. Rhowch y llyfr yn y llyfrgell yr ysgol er mwyn i ddosbarthiadau eraill gael ei ddefnyddio

Môr-ladron!

21

CWESTIWN ALLWEDDOL

A oedd môr-ladron yng Nghymru yn yr unfed ganrif ar bymtheg?

Y ffynhonnell

Ffotograff o fodel o'r llong, y 'Golden Hinde'.

Pam ddewiswyd hi?

a) fel atgynhyrchiad modern o long Duduraidd; **b)** fel cyferbyniad â ffynonellau eraill yn y pecyn yn trafod masnach ar fôr a'r Armada.

Canlyniadau dysgu

Bydd disgyblion:
- yn adolygu a defnyddio gwybodaeth a phethau maen nhw eisoes yn eu deall;
- yn ystyried am ba hyd mae defnyddiau fel pren yn para;
- yn dangos eu bod yn deall sut mae defnyddio ffynonellau cyfoes i helpu i ailgreu'r arteffact gwreiddiol;
- yn ystyried pa mor wir ydy stori John Callice;
- yn ymchwilio, trefnu a chyflwyno eu canlyniadau.

Gwybodaeth gefndir

Model o'r llong yr hwyliodd Syr Francis Drake o gwmpas y byd ynddi ym 1577-80 yw y 'Golden Hinde'. Dyma sut olwg fyddai wedi bod ar long fôr-ladron yn oes y Tuduriaid.

Môr-leidr yn oes y Tuduriaid oedd John Callice a aned ger Abaty Tyndyrn. Mae'n debyg iddo golli ei rieni pan oedd yn fachgen bach, ac iddo gael ei ddanfon i Lundain i'w fagu gan henadur a oedd wedi bod yn Arglwydd Faer. Doedd yr henadur ddim eisiau John o gwmpas y lle, felly fe ddanfonodd y bachgen i'r môr pan oedd yn ddigon hen. Mae'n bosib fod John yn fôr-leidr cyn iddo gyrraedd ei arddegau.

Ym 1574 daeth Callice â'i long ei hun, yr 'Olyphant', a llong o Bortiwgal roedd wedi ei chipio, i Gaerdydd lle gwerthodd y llong a'i chargo o siwgr i fonheddwyr lleol (oedd yn cynnwys pobl oedd i fod yn ymladd yn erbyn môr-ladrad).

Cafodd John fod Caerdydd yn lle da i werthu ei ysbail a doedd dim ots gan y bobl beth fyddai'n ei werthu. Llwyddodd i werthu cargo o bysgod hallt yn ddigon hawdd. Roedd ei ysbail arall yn cynnwys menyn, crwyn ŵyn, ffrwythau a gwin.

Cafodd John ei ddal ger Ynys Wyth ym mis Ebrill 1577 a'i ddanfon i Dŵr Llundain. Yn rhyfeddol iawn, cafodd bardwn gan Elisabeth I, o bosib am fradychu dau fôr-leidr ag enw gwaeth nag ef, sef Hickens a Battes. Mae'n debyg yr aeth John Callice nôl i fod yn fôr-leidr, a chael ei ladd, yn ôl y sôn, gan fôr-ladron eraill ym 1587, ger arfordir Gogledd Affrica.

Gweithgareddau Cerdyn Ffynhonnell

1. Yn sgîl eich gwaith ar Gerdyn Ffynhonnell 20, penderfynwch ai llong fasnach neu long ryfel yw'r llong yma. Rhowch eich rhesymau dros eich penderfyniad.

2. Cwblhewch y frawddeg

Dydw i/dydyn ni ddim yn meddwl mai'r llong ar y Cerdyn Ffynhonnell yw'r un wreiddiol o oes y Tuduriaid oherwydd..............

Rydw i/rydyn ni'n credu y cafodd y llong fodel yma ei hadeiladu i..............

Byddai'r adeiladwyr wedi defnyddio .... i'w helpu i wybod sut long oedd y Golden Hinde wreiddiol.

Gweithgareddau Cyffredinol

1. Mae'ch athro/athrawes wedi rhoi stori John Callice i chi. Tynnwch linellau mewn gwahanol liwiau o dan y brawddegau rydych chi'n credu eu bod yn wir, ddim yn wir, neu ddim yn debyg o fod yn wir.

2. Gwnewch waith ymchwil ar straeon am fôr-ladron eraill yn y cyfnod yma, yn enwedig Harri Morgan. Paratowch 'Lyfr Môr-ladron' a'i gyflwyno i ddosbarth arall.

22 Y Cymry'n mynd i ryfel

CWESTIWN ALLWEDDOL

Sut all arteffactau o oes y Tuduriaid helpu arlunydd modern i ailgreu golygfa?

Y ffynhonnell

Darlun gan Geraint Derbyshire a gomisiynwyd gan Cadw, yn dangos milwyr yn arfwisgoedd yr 16eg ganrif.

Pam ddewiswyd hi?

a) i ddangos sut mae arteffactau'n gallu cael eu defnyddio i greu llun o'r gorffennol; **b)** i ddangos nad oes rhaid i ni gael arteffact cyfan i allu ei ailgreu.

Canlyniadau dysgu

Bydd disgyblion yn deall:
- fod rhai defnyddiau yn pydru dros amser;
- ei bod yn bosib ailgreu arteffactau heb gael yr holl wrthrych(au) gwreiddiol;
- fod pob ymgais i ailgreu yn cynnwys elfennau o ddychymyg y person sy'n gwneud;
- fod arlunydd yn aml yn gorfod defnyddio ffynonellau eraill heb law am yr arteffact ei hun;
- fod Cymry wedi ymladd dros frenhinoedd y Tuduriaid;
- fod llongau o Sbaen wedi hwylio ar hyd glannau Cymru a'u bygwth.

Gwybodaeth gefndir

Mae'r ailgread yma wedi ei seilio ar ddarnau o arfwisg a gafwyd mewn ffos ar safle Castell Trefynwy, lle taflwyd nhw ar ôl Brwydr Trefynwy 1644. Daeth pobl o hyd i bron 600 darn o arfwisgoedd hynafol wrth gloddio yn Nhrefynwy. sy'n rhoi syniad i ni o'r nifer o fannau lle bu trwbl yn ystod oes y Tuduriaid.

Dewisodd llawer o filwyr o Gymru - a chafodd rhai eraill eu gorfodi - i fynd i ymladd yn yr Iseldiroedd ac Iwerddon. Rhwng 1594 a 1602 ymladdodd mwy na 6,000 o Gymry yn Iwerddon, lawer ohonynt ag anrhydedd. Ym Mrwydr y Rhyd Felen ym 1598, cafodd y Capten Edmwnd Owain ei dorri'n ddarnau am iddo wrthod gostwng ei faner nes cael ei ladd. Wedi dod nôl o'r rhyfel, roedd llawer yn cael bywyd yn anodd a'n gorfod cardota.

Dechreuodd barn pobl yng Nghymru newid hefyd wrth i Gymru gael ei chlymu'r dynnach wrth deyrnas oedd yn llawenhau am y buddugoliaethau hyn. Roedd hyn yn wir hefyd pan drechwyd Armada Sbaen, a chafodd hynny ei ddathlu mewn baled Gymraeg er nad oedd yn effeithio ar Gymru.

Fodd bynnag, pan ddaeth ymgais arall i oresgyn Prydain ym 1597, cafodd llong o Sbaen ei chipio yn Aberdaugleddau a gyrrwyd un arall, y 'Bear of Amsterdam', gan y gwynt i mewn i aber afon Dyfi. Ni allai'r milisia lleol gyrraedd y llong, er eu bod yn hawlio iddyn nhw ladd rhai Sbaenwyr oedd wedi ceisio glanio. Yn ôl y traddodiad, llwyddodd rhai o'r Sbaenwyr i gyrraedd y lan a mynd i guddio yn y mynyddoedd ac yn y man, priodi â Chymry lleol. Pan dawelodd y storm, llwyddodd y llong i ddianc, ond cafodd ei chipio wedi hynny ger llaw Dartmouth.

Gweithgareddau Cerdyn Ffynhonnell

1. Mae'r artist wedi defnyddio darnau o arwisgoedd a gafwyd ar faes brwydr ym 1644 fel tystiolaeth i'w helpu i dynnu'r llun. Rhestrwch ddefnyddiau o'r cyfnod hwnnw fyddai wedi pydru a rhai na fyddai wedi gwneud.

2. Dychmygwch mai'r unig dystiolaeth oedd gan yr arlunydd oedd y darnau hyn o arfwisgoedd, a dim byd arall. Gan ddefnyddio marcwyr aroleuo, marciwch ar y darlun y <u>nifer lleiaf</u> o ddarnau o arfwisg fyddai eu hangen ar yr arlunydd i allu ailgreu'r olygfa. A fyddai arno angen, er enghraifft, y darnau o'r ddwy ysgwydd? Cymharwch a thrafodwch eich syniadau.

3. Mewn lliw arall, marciwch y defnyddiau fyddai wedi pydru, y mae'r arlunydd wedi gorfod ymchwilio iddyn nhw, neu eu dychmygu.

4. Trafodwch beth rydych chi wedi ei sylwi am y ddau liw.

Gweithgareddau Cyffredinol

1. Eich gwaith chi nawr ydy ymchwilio, gan ddefnyddio cymaint o ffynonellau ag sy'n bosibl, i arfwisgoedd y cyfnod, a chynhyrchu llawlyfr ar gyfer disgyblion mewn dosbarth arall neu ar gyfer llyfrgell yr ysgol.

2. Gwrandewch ar stori'r 'Bear of Amsterdam' a chreu storifwrdd o'r digwyddiadau.

23 Cnapan: gêm bêl boblogaidd

CWESTIWN ALLWEDDOL

Pam y tynnwyd lluniau o rai digwyddiadau yn oes y Tuduriaid mewn cyfnod llawer diweddarach?

Y ffynhonnell

Darlun o bobl ar ganol gêm o gnapan, a dynnwyd gan H.M. Brock ar gyfer 'The Badminton Magazine' 1898.

Pam ddewiswyd hi?

a) i ddangos nad ydy digwyddiadau diddorol bob amser yn cael eu cofnodi ar y pryd; **b)** i ddangos fod arlunwyr 100 years yn ôl yn ailgreu digwyddiadau o oes y Tuduriaid; **c)** oherwydd ei bod hi'n bwysig i ni wybod cyd-destun rhywbeth a gafodd ei ailgreu cyn gallu ei ddehongli yn iawn.

Canlyniadau dysgu

Mae disgyblion yn dechrau deall:
- fod rhai digwyddiadau, yn enwedig rhai pobl dlawd, yn rhy ddibwys i gael eu cofnodi ar y pryd;
- fod arlunwyr weithiau'n penderfynu eu bod nhw am ddarlunio'r digwyddiadau hyn, weithiau gannoedd o flynyddoedd yn ddiweddarach;
- y bydd gan arlunwyr y dyfodol lawer mwy o dystiolaeth ddarluniadol, diolch i dapiau fideo a ffotograffau;
- fod modd dehongli lluniau mewn gwahanol ffyrdd, yn enwedig os nad oes unrhyw wybodaeth gefndir gyda ni.

Gwybodaeth gefndir

Gêm rhwng dau dîm oedd Cnapan. Pobl dlawd yn bennaf oedd yn ei chwarae, ac roedd yn boblogaidd iawn yn ne-orllewin Cymru lle maen nhw'n credu mai dyma'r gêm y datblygodd rygbi ohoni. Doedd dim terfyn ar y nifer o chwaraewyr ar bob tîm a gan fod y goliau yn aml sawl milltir ar wahân, gallai rhai o'r tîm fod ar gefn ceffylau. Roedd y gêm yn cael ei chwarae â phêl bren galed, maint pêl griced, wedi ei berwi mewn gwêr i'w gwneud yn llithrig. Nod y gêm oedd sgorio gôl. Gallai chwaraewyr redeg â'r bêl neu ei thaflu, taclo, a defnyddio prennau a phastynnau.

Roedd gemau Cnapan yn ddigwyddiad blynyddol a byddai pentrefi neu ardaloedd cyfan yn chwarae yn erbyn ei gilydd ar ddyddiau neilltuol. Weithiau roedd cymaint â 1,000 o chwaraewyr ar bob ochr. Byddai'r gêm yn cychwyn am un neu ddau o'r gloch, gyda'r chwaraewyr yn gwisgo dim ond clôs penglin tynn.

Roedd y gêm yn denu torfeydd mawr, a stondinau'n gwerthu 'cigoedd, diodydd a gwin o bob math' (George Owen). Roedd yr ymryson yn wyllt iawn weithiau, gyda 'phennau wedi eu torri, wynebau duon, cyrff wedi cleisio a choesau cloff' (Owen). Byddai'r ymladd yn dod i ben gyda bloedd o 'Heddwch!'. Er gwaetha'r clwyfau a'r cleisiau, byddai'r chwaraewyr yn mynd adref 'dan chwerthin a chellwair am eu hanafiadau … mewn hwyliau da heb ddannod na chasineb' (Owen).

Gweithgareddau Cerdyn Ffynhonnell

1. Tynnodd yr arlunydd H.M. Brock y llun yma o gêm oedd yn cael ei chwarae gan bobl dlawd gan mlynedd yn ôl, 300 mlynedd wedi iddi ddigwydd. Ceisiwch ateb y cwestiynau yma:

a) Pan wnaeth neb dynnu llun gêm gnapan yn oes y Tuduriaid?

b) Pam benderfynodd yr arlunydd dynnu llun o'r gêm ym 1898?

c) Pa dystiolaeth allai e fod wedi ei defnyddio?

ch) Os bydd arlunwyr am dynnu llun gêm bêl-droed ymhen 500 mlynedd, fyddan nhw'n cael yr un broblem?

Gweithgareddau Cyffredinol

1. Rydyn ni'n gwybod mai gêm yw hon, ond meddyliwch am ffyrdd eraill y gallen ni ddehongli'r darlun, e.e. fel criw o ddynion yn ymosod ar y dyn nesa at y stondin.

2. Mewn parau, sgrifennwch sylwebaeth/ddisgrifiad ar gyfer y llun (a) fel gêm a (b) fel sgarmes.

3. Nawr, dangoswch y llun i blant o ddosbarth arall a darllen eich dwy sylwebaeth/ddisgrifiad iddyn nhw. Gofynnwch iddyn nhw bleidleisio ar ba un sy'n wir. Cyfrifwch y pleidleisiau a thrafod beth mae'r canlyniadau'n ei ddweud wrthoch chi.

Gweithgareddau awyr-agored pobl gyfoethog

CWESTIWN ALLWEDDOL

Sut a pham mae'r ffynhonnell yma yn wahanol i Gerdyn Ffynhonnell 23?

Y ffynhonnell

Darlun brodwaith yn Amgueddfa Victoria ac Albert.

Pam ddewiswyd hi?

a) i ddangos dull arall o ddarlunio rhywbeth;
b) i bwysleisio'r gwahaniaethau rhwng gweithgareddau hamdden y cyfoethog a'r tlawd.

Canlyniadau dysgu

Bydd disgyblion:
- yn cymharu, o sawl safbwynt gwahanol, ffynonellau'n seiliedig ar yr un pwnc, sef 'gweithgareddau hamdden';
- yn nodi gwahaniaethau yn y ffynonellau a'n rhoi rhesymau dros y gwahaniaethau;
- yn nodi gwahaniaethau yn ffyrdd o fyw cyfoethogion a thlodion y cyfnod;
- yn cael gwybodaeth am nodweddion arbennig y cyfnod.

Gwybodaeth gefndir

Er fod y bonheddwyr efallai wedi mwynhau gwylio cnapan, dim ond pobl gyfoethog fyddai wedi treulio eu hegni ar hela, heboga neu bysgota.

Er fod ceirw'n crwydro'n wyllt dros fryniau Cymru, byddai tirfeddianwyr cyfoethog yn cadw gyr o geirw i'w hela mewn parciau â waliau, cloddiau neu berthi o'u cwmpas. Roedd rhai o'r rhain yn newydd sbon tra'r oedd rhai eraill, fel Parc Le Breos yng Ngŵyr, yno er y canol oesoedd. Roedd y carw'n darparu cig hela i'w fwyta yn ogystal â difyrrwch i'r helwyr.

Roedd rhai bonheddwyr hefyd yn cadw adar ysglyfaethus ar gyfer hela, ac yn cyflogi hebogwr i ofalu am yr adar a'u magu. Yn wir, roedd hi yn erbyn y gyfraith i unrhywun arall fagu a chadw hebogiaid yn oes y Tuduriaid. Roedd yr adar gwyllt fydden nhw'n eu dal yn cael eu bwyta hefyd. Pan fyddai'r hebog wedi dal ei ysglyfaeth, roedd yn hawdd dod o hyd iddo oherwydd y clychau ynghlwm wrth ei draed.

Roedd pobl gyfoethog yn hela'r baedd gwyllt hefyd, sgwarnogod, cathod gwyllt, y ffwlbart a hyd yn oed y wiwer goch. Roedd eirth, oedd yn arfer cael eu hela yn y canol oesoedd, yn cael eu cadw mewn caethiwed i'w poenydio, a'r cyfnod 1550 i 1600, mae'n debyg, oedd 'oes aur' y 'difyrrwch' yna.

Roedd llynnoedd a'u llond nhw o bysgod yn llawer o'r parciau. Tra'r oedd pobl dlawd wrthi'n ceisio dal digon o bysgod i'w bwyta, gallai pobl gyfoethog fwynhau genweirio â lein bysgota o flew ceffyl a bachau draenen ddu.

Gweithgareddau Cerdyn Ffynhonnell

1. Penderfynwch ar atebion i'w cwestiynau hyn ynglŷn â Ffynonellau 23 a 24:

	Ffynhonnell 23	Ffynhonnell 24
Pwy mae'r ffynonellau'n eu dangos?		
Pryd gawson nhw eu gwneud?		
Pam gawson nhw eu gwneud?		
Sut gawson nhw eu gwneud?		
Beth maen nhw'n ei ddangos?		

2. Fel dosbarth, siaradwch am yr atebion hyn ac atebwch y Cwestiwn Allweddol.

Gweithgareddau Cyffredinol

1. Cwblhewch y brawddegau:

Roedd pobl gyfoethog yn gallu mynd i hela'n aml oherwydd..............

Roedd pobl dlawd yn gallu chwarae cnapan unwaith y flwyddyn oherwydd.................

2. Gan weithio mewn grwpiau, ymchwiliwch i chwaraeon pobl gyfoethog a gwnewch Lawlyfr Gweithgareddau Awyr-Agored y Tuduriaid. Rhowch y llawlyfr wedi i chi ei orffen yn llyfrgell yr ysgol.

Cerddoriaeth a dawnsfeydd y Tuduriaid

CWESTIWN ALLWEDDOL

Fel hyn oedd hi, go iawn?

Y ffynhonnell

Llun llonydd yw hwn o'r ffilm 'Anne of the Thousand Days', sy'n dangos argraff cyfarwyddydd ffilmiau o'r 20fed ganrif o'r llys brenhinol yn mwynhau.

Pam ddewiswyd hi?

Fel enghraifft o olygfa o oes y Tuduriaid wedi ei hailgreu mewn ffilm fodern.

Canlyniadau dysgu

Bydd disgyblion:
- yn penderfynu ar flaenoriaethau a phwysigrwydd cywirdeb hanesyddol mewn perthynas ag anghenion dramatig;
- yn cymharu cerddoriaeth Duduraidd a modern;
- yn penderfynu ar gerddoriaeth Duduraidd briodol ar gyfer golygfa ffilm;
- yn ymchwilio i offerynnau cerdd Tuduraidd ac yn cyflwyno eu canlyniadau;
- yn dysgu a chyflwyno dawns wreiddiol neu newydd.

Gwybodaeth gefndir

Yn ystod yr unfed ganrif ar bymtheg roedd mwyfwy o gerddoriaeth yn cael ei chofnodi a'i chadw, ac oherwydd hynny, rydyn ni'n gwybod mwy am gyfansoddwyr fel William Byrd, Thomas Campion a John Dowland. Roedd y gwŷr hyn yn cyfansoddi caneuon a dawnsfeydd yn ogystal â cherddoriaeth eglwys.

Byddai pobl gyfoethog yn dod â'r gerddoriaeth a'r dawnsfeydd hyn nôl i Gymru. Aeth cerddoriaeth werin Cymru ei hun allan o ffasiwn wedyn, er bod galw am gerddorion o Gymru yn Llundain, gyda rhai'n canu yng nghôr y Capel Brenhinol ac un arall yn organydd yn eglwys St. Paul. Roedd offerynnau fel y liwt, y recorder a'r organ dannau yn boblogaidd ymhlith pobl gyfoethog.

Roedd pobl dlawd yng Nghymru yn dal i'w diddanu eu hunain â'r crwth, y pibgorn a'r delyn, ac roedd dawnsio'n dal yn boblogaidd: mae Cadi Ha, Hela'r Dryw, a Dawnsio Cangen Ha' oll yn y gwerslyfrau dawns mwy diweddar.

Gweithgareddau Cerdyn Ffynhonnell

1. Chi yw cyfarwyddydd ffilm wedi ei gosod yn oes y Tuduriaid ac mae rhaid i chi feddwl am y pethau canlynol:

newid y stori i roi diweddglo hapus iddi	
gwneud y stori'n hanesyddol gywir	
cael seren fawr i actio'r brif ran	
gwario cyn lleied o arian â phosib ar wneud y ffilm	
gwneud llawer o arian drwy werthu tocynnau	
treulio llawer o amser a gwario arian ar ymchwil hanesyddol, e.e. gwisgoedd	

Rhestrwch y rhain yn eu trefn, gyda'r pwysicaf yn gyntaf, a'u rhifo o 1 i 6 i ddangos hynny. Cymharwch eich atebion.

Gweithgareddau Cyffredinol

1. Gwrandewch ar dapiau o gerddoriaeth Duduraidd. Cofiwch mai hon oedd cerddoriaeth bop y Tuduriaid. Trafodwch sut mae hyn yn cymharu â'r gerddoriaeth rydych chi'n ei hoffi.

2. Pe byddech chi'n gyfarwyddydd ffilm, penderfynwch pa ddarn o gerddoriaeth fyddech chi'n ei ddefnyddio i fynd gyda'r olygfa ar y Cerdyn Ffynhonnell.

3. Dysgwch am yr offerynnau roedd y Tuduriaid yn chwarae eu cerddoriaeth arnyn nhw, a gwnewch lyfr ar offerynnau Tuduraidd ar gyfer llyfrgell yr ysgol.

4. Dysgwch neu ddyfeisiwch ddawns i fynd gydag un darn o'r gerddoriaeth.

5. Dyfeisiwch gri stryd (dyma'r cyfnod pan nodwyd y rhain am y tro cyntaf).

Addysg

CWESTIWN ALLWEDDOL

Sut beth oedd ysgolion yn oes y Tuduriaid?

Y ffynhonnell

Torlun pren o stafell ddosbarth o oes y Tuduriaid, enghraifft o'r math o luniau mewn llyfrau o'r cyfnod.

Pam ddewiswyd hi?

a) i ddangos golwg gyfoes ar addysg yn oes y Tuduriaid; **b)** i ddangos sut roedd torluniau pren yn cael eu defnyddio fel lluniau mewn llyfrau Tuduraidd

Canlyniadau dysgu

Bydd disgyblion:
- yn sylweddoli fod delweddau'n cael eu llunio i roi gwybodaeth;
- yn meddwl am y wybodaeth maen nhw am ei chyfleu yn eu ffotograff ynglyn â bywyd ysgol heddiw;
- yn penderfynu ynglŷn â chynnwys eu ffotograff;
- yn deall nodweddion ysgol Duduraidd.

Gwybodaeth gefndir

Yn ystod yr 16fed ganrif roedd mwyfwy o bobl gyfoethog yn dysgu darllen a chreodd datblygu argraffu ddiddordeb bywiog mewn llyfrau a llawysgrifau. Roedd bonheddwyr yn cyflogi tiwtoriaid i ddysgu eu plant eu hunain a phlant eu gweision a'u morynion (merched a bechgyn).

Gyda chau ysgolion y mynachlogydd, agorodd ysgolion pentre wedi eu rhedeg gan hen wragedd mewn rhai llefydd. Datblygiad pwysicach oedd sefydlu ysgolion gramadeg ar gyfer bechgyn cyfoethog mewn trefi fel y Fenni (1543) a Bangor (1557). Roedden nhw'n dysgu gramadeg a llenyddiaeth Ladin ac ychydig o Roeg. Roedd rhwng 20 a 120 o ddysgyblion, ond pur anaml y byddai mwy na dau athro a dim ond un stafell ddosbarth. Gallai bechgyn ddechrau mynd i'r ysgol rhwng 8 ac 16 oed, ac aros yno am bum neu chwe blynedd. Roedd yr ysgol yn dechrau am 6.00 o'r gloch y bore ac yn para tan 5.00 neu 6.00 yr hwyr. Doedd dim gwyliau haf er bod gwyliau hir dros y Nadolig a'r Pasg.

Byddai'r stafell ddosbarth wedi bod yn swnllyd, yn fudr ac yn oer. Roedd rhaid i bob disgybl ddod â'i lechen, ei bapur a'i ysgrifbin ei hun, a chanhwyllau yn y gaeaf hefyd. Roedd dysgu'n golygu ailadrodd darnau maith o lyfrau a'u dysgu ar eu cof. Roedd gwersi llym ar sut i ymddwyn hefyd, gyda rhestri maith o bethau i Beidio â'u gwneud: peidiwch â chrafu'ch pen; peidiwch â phigo'ch dannedd â'ch cyllell, ac ati. Byddai'r bechgyn yn cael eu curo am y peth lleiaf, fel methu dysgu berf Ladin. Roedd y bechgyn yn dioddef hyn gan eu bod yn gwybod y byddai addysg yn arwain at yrfa dda fel offeiriad, meddyg neu gyfreithiwr.

Gweithgareddau Cerdyn Ffynhonnell

1. Gan ddefnyddio camera digidol, tynnwch lun o'r dosbarth wrth eu gwaith fydd yn dweud wrth bobl yn byw yn y flwyddyn 2500 sut beth oedd eich ysgol chi yn y flwyddyn 2000. Meddyliwch a ddylech chi, er enghraifft, wisgo eich dillad gorau.

2. Gwnewch restr o'r pethau yr hoffech chi i'r bobl yn y flwyddyn 2500 eu dysgu am eich ysgol.

3. Edrychwch ar y torlun pren o oes y Tuduriaid. Pa wybodaeth oedd yr arlunydd am ei rhoi am yr ysgol yn oes y Tuduriaid?

4. Ym mha ffyrdd fydd eich llun chi'n wahanol i un yr arlunydd Tuduraidd? Ceisiwch feddwl pwy oedd yn penderfynu beth fyddai yn y torlun pren: ai'r disgyblion yn yr ysgol Duduraidd oedd yn penderfynu?

Gweithgareddau Cyffredinol

1. Edrychwch ar brosbectws/lyfryn eich ysgol, a gan gadw mor glos â phosib at batrwm hwnnw, sgrifennwch brosbectws/lyfryn byr ar gyfer yr ysgol yn y torlun pren.

2. Mae un disgybl yn chwarae rhan yr arlunydd Tuduraidd, yn egluro wrth y grŵp/ dosbarth sut roedd yn teimlo am ei ddyddiau ysgol a pham wnaeth e'r torlun pren yma.

3. Chwaraewch ran disgybl Tuduraidd yn egluro rheolau'r ysgol a bywyd yr ysgol wrth ddisgybl newydd.

4. Ymchwiliwch a gwnewch amserlen ar gyfer diwrnod mewn ysgol Duduraidd. Cymharwch hwnnw â'ch un chi.

27 Plant oes y Tuduriaid

CWESTIWN ALLWEDDOL

Faint o help yw'r peintiad yma o ran dweud hanes plant cyfoethog yn oes y Tuduriaid?

Y ffynhonnell

Does neb yn gwybod llawer am y peintiad olew yma o fachgen a merch, sy'n crogi yng Nghastell Sain Ffagan. Mae'r dyddiad 1586 arno, ac roedd yn perthyn i Iarll Plymouth ar un adeg. Mae'n amlwg fod y plant o deulu cyfoethog, ond wyddon ni ddim ble'r oedden nhw'n byw.

Pam ddewiswyd hi?

Fel enghraifft Gymreig anarferol o bortread hyd-llawn o blant heb eu rhieni.

Canlyniadau dysgu

Bydd disgyblion:
- yn ystyried pa wybodaeth mae'r portread hwn yn ein roi, ynghyd â beth nad ydy'n ei ddweud;
- yn cymharu enghreifftiau o bortreadau o blant drwy'r holl gyfnod;
- yn cymharu gwerth cymharol portreadau a ffotograffau cyfoes;
- yn cymharu delweddau o blant tlawd a chyfoethog o oes y Tuduriaid;
- yn gwybod am nodweddion gwisgoedd y cyfnod;
- yn deall nodweddion arbennig bywyd teuluol yn oes y Tuduriaid.

Gwybodaeth gefndir

Ar bob lefel mewn cymdeithas roedd plant yn oes y Tuduriaid yn cael eu hystyried fel oedolion bychan ond trafferthus, a chyn gynted ag yr oedden nhw'n ddigon hen, roedden nhw'n gwisgo fel pobl mewn oed. Roedd disgwyl i'r tlotaf weithio ar y fferm, yn y cartref neu fel prentisiaid. Roedd plant cyfoethog yn cael dysgu'r hyn oedd ei angen i i gymryd eu lle mewn cymdeithas ac, o bosib, yn y llys. Byddai'r bechgyn yn dysgu darllen a sgrifennu, hela ac ymladd cleddyfau, a'r merched yn dysgu gwnïo, coginio, dawnsio a diddanu ymwelwyr.

Mae un neu ddau o bortreadau o blant o deuluoedd cyfoethog wedi goroesi o'r cyfnod. Mae plant yn cael eu dangos ar feddau teuluol hefyd, ond mae'r rheini'n tueddu i fod yn ddelweddau cyffredinol dros ben.

Gweithgareddau Cerdyn Ffynhonnell

1. Sgrifennwch frawddeg neu ddwy am bob un o'r pethau canlynol:

   a) beth rydych chi'n ei weld yn y portread;

   b) beth mae'r portread yn ei ddweud wrthoch chi;

   c) beth nad ydy'r portread yn ei ddweud wrthoch chi

   ch) pa wybodaeth arall fyddech chi'n hoffi i'r portread ei roi i chi.

2. Chwiliwch am enghreifftiau eraill o bortreadau teuluol o oes y Tuduriaid, a nodwch y tebygrwydd a'r gwahaniaethau rhwng y plant ar y Cerdyn Ffynhonnell yma a'r rhai yn y portreadau eraill;

3. Cymharwch yr holl bortreadau hyn â ffotograffau ohonoch chi a'ch ffrindiau. Trafodwch a fydd eich ffotograffau chi, mewn 500 mlynedd, yn dweud mwy wrth haneswyr amdanoch chi a'ch ffordd o fyw na'r hyn mae portreadau'r Tuduriaid yn ei ddweud wrthon ni.

4. Cymharwch y portread yma â Cherdyn Ffynhonnell 27 o chwaraeon y Tuduriaid. Meddyliwch am:

   (a) pam beintiwyd pob un; **(b)** sut y peintiwyd nhw; **(c)** y wybodaeth wahanol maen nhw'n ei rhoi i ni.

Gweithgareddau Cyffredinol

1. Ymchwiliwch i'r dillad mae'r plant yn y portread yn eu gwisgo, a labelwch bopeth allwch chi.

2. Rhowch enwau i'r plant a defnyddiwch eich dychymyg i sgrifennu am eu teulu, eu cartref, eu teganau ac unrhyw beth arall ddysgwch chi drwy'ch gwaith ymchwil, fel erthygl bapur-newydd.

28 Chwaraeon plant

CWESTIWN ALLWEDDOL

Sut grëodd yr arlunydd y peintiad yma?

- yn ymchwilio i chwaraeon plant ar hyd yr oesoedd, yn cymharu a chyferbynnu dros amser;
- yn cyfleu eu canlyniadau ar ffurf llinell amser;
- yn ystyried y gwahanol gyfraddau newid mewn chwaraeon plant er cyfnod y Rhufeiniaid.

Y ffynhonnell

'Chwaraeon Plant', a beintiwyd gan Pieter Brueghel yr Hynaf, yn dangos golygfa yn Fflandrys ym 1560. Mae'r peintiad hwn mewn oriel gelf yn Fienna yn awr.

Pam ddewiswyd hi?

a) i ddangos fod y peintiwr yma am gofnodi bywyd bob dydd pobl gyffredin yn oes y Tuduriaid;
b) i ddangos y gall peintiadau fod yn gyfuniadau, nid dim ond copi o olygfa wedi ei greu yn y fan a'r lle.

Canlyniadau dysgu

Bydd disgyblion:

- yn deall nad yw'r math hwn o beintiad yn cael ei greu heb lawer o waith paratoi a phenderfynu ynglyn â pha negeseuon a gwybodaeth mae'r arlunydd am eu cyfleu;
- yn cael cyfle i benderfynu beth hoffen nhw i'r ffynhonnell ei gyfleu, ac a yw'r cynnyrch terfynol yn gwneud hynny;

Gwybodaeth gefndir

Roedd Pieter Brueghel yr Hynaf (c.1525 - 1569) yn aelod o deulu Fflemaidd pwysig o arlunwyr proffesiynol ac mae'n cael ei ystyried yn un o beintwyr mwyaf dylanwadol canol yr 16eg ganrif yng ngogledd Ewrop, oherwydd ei fod yn canolbwyntio ar dirluniau a golygfeydd bob dydd.

Mae 'Chwaraeon Plant' yn gipolwg gonest ar fywyd bob dydd. Mae'n dangos plant yn ymddwyn yn garedig ac yn gas, yn annibynnol ac yn gyfeillgar, yn gall ac yn ddrwg, wrth iddyn nhw chwarae amrywiaeth eang o gemau.

Gweithgareddau Cerdyn Ffynhonnell

1. Trafodwch pam na fyddai wedi bod yn bosibl i'r arlunydd fod wedi edrych allan o'i ffenestr a pheintio beth welai yno ar unwaith.

2. Os mai chi oedd yr arlunydd yn oes y Tuduriaid, penderfynwch beth fyddech chi am i'ch peintiad ddweud wrth y person oedd yn edrych arno (chwaraeon plant, natur plant, bywyd bob-dydd, dillad plant, ac ati).

3. Disgrifiwch beth fyddech wedi gorfod ei wneud cyn i chi ddechrau peintio. Fyddech chi'n fodlon ar y peintiad terfynol (ar sail eich atebion i gwestiwn 2)?

4. Edrychwch ar Gardiau Ffynonnell 7, 23 a 24 a thrafod ym mha ffordd mae'r ffynhonnell yma'n wahanol.

Gweithgareddau Cyffredinol

1. Fel grŵp, rhestrwch faint o chwaraeon y gallwch eu gweld yn y peintiad. Ydych chi'n meddwl eu bod nhw wedi newid llawer ers, dwedwch, oes y Rhufeiniaid?

2. Gwnewch restr o'r chwaraeon sy'n cael eu chwarae yn eich ysgol chi amser chwarae neu amser cinio, a chymharu'r ddwy restr. Meddyliwch pam maen nhw mor wahanol.

3. Gwnewch restr o gwestiynau ynglŷn â chwaraeon plant chwe-deg neu saith-deg o flynyddoedd yn ôl. Gofynnwch i hen berson sy'n byw yn y cylch, oedd efallai'n arfer mynd i'ch ysgol chi, i ateb y cwestiynau hyn.

4. Gwnewch waith ymchwil i'r chwaraeon oedd yn cael eu chwarae gan blant oes y Rhufeiniaid ac oes Victoria, a gwnewch linell amser o chwaraeon plant drwy'r oesoedd, gan farcio pryd fu fwyaf o newid.

29 Brenhinoedd a breninesau'r Tuduriaid

CWESTIWN ALLWEDDOL

Pam gafodd Elisabeth y llun yma wedi ei beintio?

Y ffynhonnell

Comisiynwyd y llun gan Elisabeth I yn y 1560au a gallwch ei weld yng Nghastell Sudeley yn swydd Gaerloyw. Mae'n dangos Harri VIII; Edward VI ar ei liniau; Mari a'i gŵr Philip o Sbaen; ac Elisabeth. Mae'r peintiad hefyd yn dangos Mawrth, duw rhyfel ar y llaw chwith, a duwiesau heddwch a digonedd ar y dde.

Pam ddewiswyd hi?

a) i ddangos fod pobl o'r gorffennol yn aml am sicrhau mai eu barn nhw am eu teuluoedd fyddai'n cael ei gofio; **b)** i arddangos ystyr termau fel 'symbolaeth', 'rhagfarn' a 'propaganda'.

Canlyniadau dysgu

Bydd disgyblion:
- yn gweld beth sydd dan yr wyneb mewn porteadau ac ati;
- yn adnabod ac yn edrych am elfennau fel symboliaeth, propaganda a rhagfarn mewn ffynonellau;
- yn deall sut mae hyn yn cael ei wneud drwy eu dehongliad eu hunain o frenhinoedd a breninesau'r Tuduriaid.

Gwybodaeth gefndir

Comisiynodd Elisabeth y llun i ddangos ei fersiwn hi o linach y Tuduriaid. Mae'n anwybyddu Harri VII (1485-1509) yn llwyr ac yn canolbwyntio, yn hytrach, ar Harri VIII (1509-1547). Mae Edward VI (1547-1553) yn penglinio, fel fersiwn fechan o'i dad, tra bod Mari (1553-1558) yn sefyll gyda'i gŵr Philip o Sbaen a Mawrth, duw Rhyfel.

Mae hyn yn awgrymu fod Elisabeth yn credu fod blynyddoedd teyrnasiad Mari a'i phriodas â Philip wedi creu gwrthdaro, lle mae hi ei hun yn sefyll yn ymyl duwiesau Heddwch a Digonedd.

Gweithgareddau Cerdyn Ffynhonnell

1. Dwedwch pwy yw'r brenhinoedd a'r breninesau yn y portread. Trafodwch beth rydych wedi ei sylwi am y Tuduriaid. Meddyliwch am y ffynonellau fyddai'r arlunydd wedi eu defnyddio i beintio pobl oedd wedi marw.

2. Dyfalwch pa negeseuon roedd Elisabeth am i'r arlunydd eu rhoi, a chwblhewch y brawddegau:

   (a) Roedd Elisabeth am i'r peintiad ddweud wrthon ni fod teyrnasiad y Frenhines Mari yn gyfnod o ....
   (b) Roedd Elisabeth am i'r peintiad ddweud wrthon ni fod Harri VIII yn ....
   (c) Roedd Elisabeth am i'r peintiad ddweud wrthon ni fod Edward VI yn ....
   (ch) Roedd Elisabeth am i'r peintiad ddweud wrthon ni ei bod hi'n ....

3. Ceisiwch feddwl pam nad ydy Harri VII yn y portread teuluol. Cymharwch eich atebion.

4. Chwiliwch yn y geiriadur am ystyr 'symbolaeth', 'propaganda' a 'rhagfarn'. Allwch chi eu gweld yn y peintiad yma?

Gweithgareddau cyffredinol

1. Casglwch a gwnewch lungopïau (pen-ac-ysgwyddau neu hyd llawn) o'r brenhinoedd a breninesau Tuduraidd. Gwnewch eich portread teuluol Tuduraidd eich hun ar ffurf collage. Bydd rhaid i chi benderfynu pwy ddylai fod yn y portread, pa mor fawr y dylai pob un fod, ble ddylen nhw sefyll, ac ati - mewn geiriau eraill, rhaid i chi benderfynu pa neges rydych chi am ei rhoi.

2. Pan fyddwch chi wedi gorffen, dangoswch y collage i rywun arall/grŵp arall a gofyn iddyn nhw pa neges maen nhw'n meddwl rydych chi'n ceisio ei rhoi.

William Morgan a'r Beibl yn Gymraeg

Y ffynhonnell

Darlun modern yn dangos William Morgan, a grewyd yn arbennig ar gyfer set o stampiau post.

Pam ddewiswyd hi?

a) i ddangos fod darluniau'n cael eu gwneud i nodi achlysuron arbennig; **b**) i ddangos fod rhaid defnyddio llawer o ddychymyg lle nad oes braidd dim tystiolaeth.

Canlyniadau dysgu

Bydd disgyblion yn deall:
- fod delweddau'n cael eu creu weithiau i ddathlu digwyddiadau arbennig;
- lle nad oes braidd dim tystiolaeth ar ôl, ei bod hi'n iawn i ddefnyddio'r dychymyg mewn ffordd ddeallus;
- y bydd gan haneswyr ac artistiaid ymhen 500 mlynedd lawer mwy o dystiolaeth i ddibynnu arni pan fyddan nhw'n dathlu digwyddiadau heddiw.

Gwybodaeth gefndir

Roedd arweinwyr yr eglwys yn oes y Tuduriaid yn credu mai gwaith yr offeiriad oedd egluro neges y Beibl wrth y bobl, felly doedd dim angen ei gyfieithu o'r Lladin. Roedd y diwygwyr crefyddol fel Luther yn credu y dylai'r werin bobl allu darllen y Beibl eu hunain, neu gael rhywun i'w ddarllen iddyn nhw, yn eu mamiaith. Er gwaetha llawer o wrthwynebiad, cafodd y Beibl ei gyfieithu i lawer o ieithoedd gwahanol yn ystod y Diwygiad Protestannaidd Ewrop, yn cynnwys y Saesneg ym 1535.

Erbyn 1539 roedd Harri VIII wedi gorchymyn fod rhaid rhoi copi ym mhob eglwys yn y deyrnas. Doedd hynny fawr o help yng Nghymru lle nad oedd llawer o'r bobl yn deall Saesneg. Yn ystod teyrnasiad Elisabeth I, apeliodd ysgolheigion Cymreig blaenllaw i'r Senedd am Feibl Cymraeg ac ym 1563 pasiwyd deddf yn dweud y dylai gael ei drosi a'i ddefnyddio ym mhob eglwys yng Nghymru. Roedd y gorchwyl i fod i gymryd pum mlynedd. Cafodd y Testament Newydd Cymraeg, wedi ei drosi gan William Salesbury, ei gyhoeddi ym 1567, ond roedd yn anodd a ddim yn boblogaidd iawn. Ym 1570 cychwynnodd William Morgan, ficer Llanrhaedr-ym-Mochnant, ar drosiad newydd. Treuliodd lawer o'i amser hamdden ar y gwaith. Gyda chefnogaeth John Whitgift, Archesgob Caergaint, cafodd y Beibl ei gyhoeddi ym 1588 a'i osod ym mhob eglwys yng Nghymru ochr yn ochr â'r fersiwn Saesneg.

Roedd y cyfieithad yn llwyddiant mawr a chanodd beirdd Cymru ei glod fel rhodd ddigymar i'r Cymry. Aeth un person mor bell â dweud wrth ei blwyfolion am werthu eu crysau i brynu Beibl. Cafodd William Morgan ei wobrwyo drwy ei wneud yn Esgob Llandaf, ac Esgob Llanelwy wedi hynny. Rhoddodd y Beibl iaith safonol i'r genedl, a llyfr y gallai pawb ei ddarllen, oedd yn bwysig mewn gwlad heb brifysgol na sefydliad diwylliannol canolog.

Gweithgareddau Cerdyn Ffynhonnell

1. Pam gafodd y ffynhonnell hon ei chreu, a pha ddigwyddiad arall oedd yn cael eu dathlu ym 1988?

2. Gan ddefnyddio marciwr aroleuo, lliwiwch y rhannau o'r stamp y gallai'r arlunydd fod yn siŵr ynglŷn â nhw. Mewn lliw arall, marciwch y rhannau na allai'r arlunydd fod yn siŵr amdanyn nhw.

3. Sgrifennwch restr o ffeithiaiau am William Morgan a fyddai wedi helpu'r arlunydd i greu'r darlun yma.

4. Rydyn ni yn y flwyddyn 2500, ac rydych chi wedi cael gwahoddiad i greu stamp i ddathlu 500 mlwyddiant y mileniwm newydd. Pa adnoddau fyddwch chi'n gallu eu defnyddio pan fyddwch chi'n dylunio'r stamp?

Gweithgareddau cyffredinol

1. Edrychwch ar y lluniau o bobl yn yr eglwys ar ddechrau ac ar ddiwedd y llyfr 'William Morgan a'r Beibl Cymraeg' (Gwasg y Dref Wen). Beth mae'r rhain yn ei ddweud wrthoch chi am argraff yr arlunydd o effaith Beibl William Morgan ar bobl gyffredin?

2. Ymchwiliwch a sgrifennwch eich straeon eich hun am William Morgan. Trafodwch ym mha ffordd maen nhw'n debyg ac yn wahanol.

The Tudors
in Wales

by Walter Jones
and Nigel Williams

GWASG
UWIC
PRESS

Published by UWIC Press, UWIC, Cardiff CF23 – 6XD
e-mail cgrove@uwic.co.uk

ISBN 1-902724-24-0

Research and background information by Walter Jones and Nigel Williams
Activities and learning outcomes by Jennifer Davies
Picture and source research by Gwenda Lloyd Wallace
Design by Andy Dark
Translated by Siân Edwards
Printed by Traxdata Wales Ltd.

Commissioned with the financial assistance of Awdurdod Cymwysterau, Cwricwlwm ac Asesu Cymru / the Qualifications, Curriculum and Assessment Authority for Wales (ACCAC).

© 2000 Awdurdod Cymwysterau, Cwricwlwm ac Asesu Cymru / the Qualifications, Curriculum and Assessment Authority for Wales (ACCAC).
These materials are copyright and may not be reproduced or published without the permission of the copyright owner.

Acknowledgements

The publishers would like to thank all those who have given permission to reproduce copyright material in this pack.

Card 1: Leicestershire County Council; Wales Tourist Board; Holburne Museum and Crafts Study Centre, Bath; by courtesy of the National Portrait Gallery, London; Graham Turner. **Card 2**: P.S. Jones; Gareth B. Thomas F.R.P.S.; Gerald Acton. **Card 3** CADW: Welsh Historic Monuments. Crown Copyright; Private Collection. **Card 4**: National Library of Wales; Margaret Davies in *Looking at Welsh History*, A.J. Roderick, A & C Black. **Card 5**: CADW: Welsh Historic Monuments. Crown Copyright; Illustration by Dale Evans for CADW: Welsh Historic Monuments, from an original drawing by courtesy of the Royal Commission on the Ancient and Historical Monuments of Wales. Crown Copyright. **Card 6**: National Museum of Wales; The Abbey Church of St. Mary the Virgin (Margam Abbey), Margam. **Card 7**: Geraint Wyn Jones L.R.P.S./GuildhallLibrary, City of London Libraries and Art Galleries; by courtesy of the National Portrait Gallery, London. **Card 8**: CADW: Welsh Historic Monuments. Crown Copyright; Wales Tourist Board; The National Trust Photo Library/Matthew Antrobus; The Property of Edward Harley Esq.; Guildhall Library, City of London Libraries and Art Galleries. **Card 9**: CADW: Welsh Historic Monuments. Crown Copyright; The National Trust; Gwydir Castle; **Card 10**: Museum of Welsh Life; based upon the Llandaff Probate Records LL/1614 and LL/1639; Crown Copyright: Royal Commission on the Ancient and Historical Monuments of Wales. **Card 11**: Ian Ward; Museum of Welsh Life; Crown Copyright: Royal Commissionon the Ancient and Historical Monuments of Wales. **Card 12**: National Library of Wales. **Card 13**: The Fotomas Index; Gwenda Lloyd Wallace; © The British Museum; *The Story of Our Police*, Home Office and Central Office of Information, 1976. Crown copyright is reproduced with the permission of the Controller of Her Majesty's Stationery Office. **Card 14**: Museum of Welsh Life. **Card 15**: By permission of The British Library (ADD.19720 f305 min); Hulton Getty (part of Getty Images); by permission of the Earl of Leicester and Trustees of the Holkham Estate. **Card 16**: CADW: Welsh Historic Monuments. Crown Copyright; The National Trust; Museum of Welsh Life; English Heritage. **Card 17**: Hulton Getty (part of Getty Images); Mary Evans Picture Library; Mansell/Time Inc./Katz; by kind permission of BBC Wales and Element Productions Ltd. **Card 18**: National Museums and Galleries of Wales Department of Industry; *Pigs and Ingots: The Lead/Silver Mines of Cardiganshire*, 1993, Tina Carr and Annemarie Schöne, Y Lolfa. **Card 19**: CADW: Welsh Historic Monuments. Crown Copyright; National Library of Wales; *Roads and Trackways of Wales*, Richard Colyer, 1984, National Library of Wales. **Card 20**: National Library of Wales; The Matthew of Bristol. **Card 21**: The Golden Hinde Educational Museum, St. Mary Overie Dock, London; by courtesy of the National Portrait Gallery, London; National Maritime Museum, London; The Ronald Grant Archive. **Card 22**: CADW: Welsh Historic Monuments. Crown Copyright; Erfyl Lloyd Davies. **Card 23** Museum of Welsh Life; Hulton Getty (part of Getty Images). **Card 24**: Hulton Getty (part of Getty Images); The National Birds of Prey Centre. **Card 25**: © 2000 by Universal City Studios, Inc. Courtesy of Universal Studios Publishing Rights, a Division of Universal Studios Licensing, Inc. All rights reserved.; The Mary Rose Trust, Portsmouth. **Card 26**: Hulton Getty (part of Getty Images). **Card 27**: Museum of Welsh Life; Philip Llewelyn, *Elizabethan England* © The Reader's Digest Association Limited, reproduced by kind permission. **Card 28**: Kunsthistorisches Museum, Vienna. **Card 29**: National Museum of Wales; by courtesy of the National Portrait Gallery, London; Miranda Richardson/BBC Photograph Library. **Card 30**: The Welsh Bible 18p Stamp © The Post Office. Reproduced by kind permission of The Post Office. All rights reserved.; Cardiff City Hall; Geraint Wyn Jones L.R.P.S.; The National Trust Photo Library/John Miller. The publishers will be glad to make suitable arrangements with any copyrightholder whom it has not been possible to contact.

Contents

Introduction

The Pack

The aim of this pack is to provide teachers, particularly non-specialists, with accessible and stimulating material to support them in their teaching of the Tudor period at Key Stage 2.

There is an emphasis throughout on the way of life of people at all levels of society; significant individuals and well documented events of the period are also included.

The sources have a Welsh context wherever possible, enabling comparisons to be made with material from elsewhere and a picture of life in Wales and Britain during the reign of the Tudors to be built up, while satisfying the requirements of the Cwricwlwm Cymreig.

The pack focuses particularly on Key Element 3: Interpretations of History, where

'Pupils should be taught to identify the different ways in which the past is represented and interpreted and to suggest reasons for these.'

A range of sources has therefore been chosen – some contemporary, some modern and others from the intervening ages, in order to show not only how people wanted to be remembered, but how they have come to be remembered.

The visual material is taken from a number of sources – portraiture and effigies, buildings and interiors, maps and documents, re-enactments and artists' reconstructions, tourist brochures and film stills, postcards and stamps. The media represented include paintings, drawings, woodcuts, engravings, diagrams, embroidery and photographs.

The pack consists of three elements which complement each other and support teaching and learning in the classroom: Teachers' Handbook; Source Cards; and CD-ROM.

The Teachers' Handbook

The Teachers' Handbook provides a page of information on each Source Card under the following headings:

Title: each Source Card is given a name and a reference number in the pack. The Cards are not in a chronological order, and the numbering does not imply a progression through the topic, although links can clearly be made between Cards (see below).

Key Question: each source has a Key Question that provides a focus for teaching and learning, and for assessment.

The source: the origin of each source and a brief description of its content are provided here.

Why was it chosen?: the relevance of each source, and its role in increasing pupils' understanding of the period, is explained here.

Background information: this section is aimed at the teacher and includes basic facts, together with colouful stories and details to capture pupils' imagination. Teachers may wish to read parts aloud or to adapt the information into a form appropriate to their pupils' abilities, but it is not intended as a text for pupils to read themselves.

Source Card activities: each Card and its related information can stimulate a wide range of classroom activities. Those suggested here have been developed to take into account the Key Elements of the History curriculum, with particular emphasis on KE3: Interpretations of History. Many of the tasks will also help to develop pupils' literacy, numeracy and ICT skills. Tasks can be written up for pupils or conveyed verbally.

The Source Cards

The A4 Source Cards can be used by individuals or groups of children.

On the back of each Card is the relevant Key Question, around which activities should be focused. Pupils should be encouraged to look at the source, talk about it, make observations and raise questions etc.

In order to encourage an investigative approach to history, the Source Cards are laminated so that pupils can write on them, adding questions or labelling things identified in the picture. The answers to many of these questions will be found during the course of the investigation.

The use of relevant background information from the Teachers' Handbook, at an appropriate level, will inform the discussion process.

Links between Source Cards

So that topics are not studied in isolation, the Cards can be linked into groups which might include the following:

Significant events: Victory at the Battle of Bosworth (Card 1); The Acts of Union 1536-1543 (Card 4); Closing down the monasteries (Card 3); William Morgan and the Bible in Welsh (Card 30).

Personalities and chronology: Tudor Kings and Queens (Card 29); Sir Rice Mansel (Card 5) from the early years of the period; Katheryn of Berain (Card 6) from the middle of the century; and the Myddelton family (Card 7) who continued to prosper under the Stuarts.

Housing: representatives of different social levels in The rich in Wales (Card 8); Plas Mawr (Card 9); The homes of the yeoman farmers (Card 10); The houses of the poor (Card 11).

Children: Schooling (Card 26); Tudor children (Card 27); Children's games (Card 28).

Travel: Roads (Card 19); Sea trade (Card 20); Pirates! (Card 21).

Town development: Ludlow (Card 2); The Acts of Union 1536-1543 (Card 4); Towns (Card 12); Crime (Card 13).

Sport and culture: Cnapan: a popular ball game (Card 23); Outdoor pastimes of the rich (Card 24); Music and dance (Card 25).

The Welsh in London: Sir Rice Mansel (Card 5); Plas Mawr (Card 9); The Myddleton family (Card 7).

The CD-ROM

The CD-ROM provides an alternative way of accessing all the images used on the Source Cards. It also contains further relevant material to supplement each Card, including images, documentary evidence, and instructions for making reproduction artefacts. Where possible a variety of sources have been used to cover a single topic. Pupils can select a route through the material by following instructions on screen.

Visits

Structured, purposeful and enjoyable visits are an integral part of the teaching of history, and will complement the use of this pack.

Wales offers a wealth of sites, buildings, museums and collections to help bring alive the Tudor period, and almost every school in Wales will find a relevant place to visit within a 50 mile radius. Direct contact with the venue will enable you to plan appropriate activities on site, but the pack will be useful in preparatory and follow-up work.

Try some of the following to enliven and enrich the pupils' understanding of life in Tudor Wales:

Museums and Galleries

Museum of Welsh Life, St Fagans, Cardiff
Tel 029 2057 3500   www.nmgw.ac.uk
The National Museum and Gallery of Wales, Cathays Park, Cardiff
(particularly Archaeology, Numismatics and Art Galleries)
Tel 029 2039 7951   www.nmgw.ac.uk
Abergavenny Museum, Monmouthshire
Tel 01873 854 282
Carmarthen Museum, Abergwili, Carmarthen
Tel 01267 231691
www http//westwales.co.uk/carmus.htm
National Library of Wales, Aberystwyth, Ceredigion
Tel 01970 623816   www.llgc.org.uk
Ludlow Museum, Shropshire
Tel 01584 873857   www.shropshire_cc.gov.uk
Ludlow Castle, Shropshire
Tel 01584 873355

CADW Sites

Contact **CADW HQ**
Tel 029 2082 6185/86   www.cadw.wales.gov.uk
Basingwerk Abbey, Holywell, Denbighshire
Beaupre Castle, Vale of Glamorgan
Cymmer Abbey, Dolgellau, Gwynedd
Tel 01341422854

Ewenni Priory, Bridgend
Laugharn Castle, Carmarthenshire
Tel 01994 427906
Tintern Abbey, Monmouthshire
Tel 01291 689251
Oxwich Castle, Gower
Tel 01792 390359
Plas Mawr, Conwy, Gwynedd
Tel 01492 580167
Raglan Castle, Monmouthshire
Tel 01291 690228
Tretower Court, Breconshire
Tel 01874 730279
Valle Crucis, Denbighshire
Tel 01978 860326

Local Authority and Private Collections

Carew Castle, Pembrokeshire
Tel 01646 651657
Gwydir, Conwy
Tel 01492 641687
Llanfihangel Court, Monmouthshire
Tel 01873 890217
Margam Abbey, Neath-Port Talbot
Tel 01639 881635
Pembroke Castle, Pembrokeshire
Tel 01646 681510
Penhow Castle, Newport
Tel 01633 400800
Penclawdd Court, Monmouthshire
Penlan Uchaf Fam Gardens, Fishguard, Pembrokeshire
Plas Llanmihangel, Vale of Glamorgan
Tel 01446 774610

National Trust

Contact **National Trust**
Tel 01492 860123 www.nationaltrust.org.uk
Aberconwy House, Conwy, Gwynedd
Tel 01492 592246
Chirk Castle, Wrexham, Flintshire
Tel 01691 777701
Powis Castle, Welshpool, Powys
Tel 01938 554338
Tudor Merchant's House, Tenby, Pembrokeshire
Tel 01834 842279
Tŷ Mawr, Wybrnant, Gwynedd
Tel 01690 760213

Your Local Area

Information on Tudor houses in your local area can be obtained from;
The Royal Commission on Ancient Monuments - Wales, Aberystwyth, Ceredigion
Tel 01970 621200 www.rcahmw.org.uk
The publication **'Houses of the Welsh Countryside'** by Peter Smith (HMSO) will help you to find the location of interesting houses in your area not normally open to the public, but where owners will often welcome local schools.

Websites

A CD-ROM and booklet entitled **'History on the Website'** gives you instant access to information about sites of historical interest. It is available from ESIS, G5 Treforest Trading Estate, Pontypridd. Rhondda Cynon Taf CF37 5YL.

Tudor music

Examples of music from the period available on CD:
General
A Tudor Collection / Tallis Scholars
Gimell 454 895-2 (4 discs)
The Golden Age of English lute music / Julian Bream
RCA 09026 61584-2
The Cries of London / Deller Consort
Vanguard 08.5072.71
The English Viol / Fretwork
Virgin Veritas VER5 61173-2
Specific composers
William Byrd: Secular Music / Rose Consort/Red Byrd
Naxos 8.55326
John Dowland: Consort Music / Rose Consort/Red Byrd Naxos 8.55326
Thomas Tallis: Church Music / Tallis Scholars
Gimell 454 906-2
Thomas Tomkins: Music for Viols / Rose Consort/Red Byrd Naxos 8.55602
Gregorian chant (Resource Card 3)
Although not strictly what the monks would have sung or heard at Valle Crucis, the following CD will give pupils a flavour of the sound:
Mass Propers for the Church Year / Nova Schola Gregoriana Naxos 8.550711

Victory at the Battle of Bosworth 1485

1

KEY QUESTION

How could we plan a re-enactment of the Battle of Bosworth?

The source

The photograph shows an episode in a re-enactment of the Battle of Bosworth, taking place at the visitor centre which has been built on the Battle site to mark the significance of the event that took place there.

Why was it chosen?

As an example of a modern re-enactment of an event that took place in Tudor times.

Learning Outcomes

Pupils will:
- understand what a re-enactment is;
- understand that a range of information from a variety of sources is needed when we attempt to recreate an event from the past;
- make decisions and list in order of importance the essential information needed to recreate the Battle of Bosworth as realistically as possible;
- have an in-depth knowledge of the details of the battle through their own research;
- begin to understand some of the difficulties of staging re-enactments;
- be aware of the chronology and important events of Henry Tudor's life.

Background information

Henry Tudor's grandfather, Owen ap Meredith ap Tudor, was born at Penmynydd in Anglesey c.1400, and became a page at the court of Henry V. Eight years after King Henry died, Owen married the king's widow, Catherine of Valois and they had four children, half-brothers to King Henry VI. One of their sons, called Edmund, married Margaret Beaufort, who gave birth to a child in Pembroke Castle in 1457. She was only 14 and already a widow. The boy was named Henry.

Henry was living in Pembroke Castle when it was captured by William Herbert. Herbert was one of the most important Yorkist supporters in Wales and so Henry spent the next nine years living at Raglan Castle with Herbert's family and servants.

In 1471, Henry and his uncle, Jasper Tudor, managed to flee to Brittany and when Richard, Duke of Gloucester seized the throne, Henry was the only person who could challenge him.

In 1485 the 26 year-old Henry Tudor landed with 4,000 men at Dale, near Haverfordwest and marched to meet Richard III, gathering support as he went. It was slow going. He could only cover 14 miles a day and the army needed plenty of food.

On 22nd August the two armies met at Bosworth Field, near Leicester. Henry's men fought under the banner of a dragon, whilst Richard's army fought under the banner of a boar. Even though his army was bigger, Richard was beaten and was killed by a Welshman named Rhys ap Meredudd (or Rhys ap Thomas). As the poet Lewis Glyn Cothi wrote, 'the cold boar to the grave has gone'. Henry was crowned on the battlefield and a Lancastrian Welshman was now King.

Source Card Activities

1. Find the meaning of 're-enactment' from as many sources as possible and write down what you think it is.

2. If you were going to plan a re-enactment of the Battle of Bosworth with your group/partner, think about what information would you need to make it as real as possible e.g. the people who took part, the armour etc. Make a list of these, putting what you think is most important at the top of the list.

3. Compare your list with those of other groups/pairs and decide on five things that you <u>must</u> know to make the re-enactment as real as possible.

4. Now research one of them, using as many sources as possible.

5. Complete whichever of the sentences you agree with:

   a) It would be easy to plan a re-enactment of the Battle of Bosworth because...............
   b) It would be difficult to plan a re-enactment of the Battle of Bosworth because...............

General Activities

1. Make a timeline of Henry VII's life, marking what you think are the two most important events.

2. List the two famous events that people living in 2500 would want to re-enact from the 19th and 20th centuries.

2 Ludlow: The Tudor capital of Wales

KEY QUESTION

What can Ludlow Castle as it is now tell us about how important it was in Tudor Wales?

The source

An aerial photograph of the castle and town of Ludlow, published as a postcard.

Why was it chosen?

a) to show the physical location and features of the castle; **b)** to introduce the idea of its importance in Tudor Wales; **c)** as a way of introducing the personalities associated with it.

Learning Outcomes

Pupils will understand:
- that we almost always need to use more than one source of evidence to answer a historical question (i.e the castle as it stands doesn't tell us that it was the centre of control of Wales in Tudor times);
- the strategic importance of castles such as Ludlow in controlling an area;
- that Wales was ruled from Ludlow during Tudor Times;
- that Wales was difficult to rule from London;
- that we do not always have images of what famous personalities looked like;
- that images from the past need to be questioned regarding their reliability and for any bias on the part of the person who painted the portrait or carved the effigy.

Background information

Despite his Welsh connections, Henry VII still had the problem of how to govern Wales with all its powerful families. He decided to send his son Arthur, Prince of Wales, to Ludlow and to establish a Council to help him rule Wales. Although it was outside the principality, Ludlow Castle had good lines of communication, both with London and into the rest of Wales.

Unfortunately, Arthur died in April 1502 after playing tennis. His heart was buried in Ludlow Church and his body in Worcester Cathedral. Successive Presidents of the Council found Wales difficult to control and the Council was not very effective in running the principality. It was not until Bishop Rowland Lee was appointed President of the Council of Wales in 1534 that a measure of law and order was restored, often by violent means.

Source Card Activities

1. Working in pairs or groups, list:

   a) the reasons why castles were built, e.g. for defence;
   b) what you were able to do if you owned a castle, e.g. have a good view of the countryside around.

2. Look at Source Card 2 (the photo of Ludlow Castle) and write three sentences on what it tells us about the castle e.g. its position, its size.

3. Find and mark Ludlow and London on a map of England and Wales, and complete this sentence:

   I/We think that Ludlow would/would not have been a good place for the Tudors to have ruled Wales because...............

4. Can you now answer the Key Question? If not, look for more information on Ludlow in Tudor times and think of your own question to ask.

5. Using Card 13 (Crime), write a short newspaper article about the sort of crimes that Bishop Rowland Lee was trying to stop when he was at Ludlow Castle as president of the Council.

General Activities

1. Using the Internet, books, visits etc. research a castle as near to your school as possible and make a list of how it is similar to, and different from, Ludlow.

2. Talk about what people living at the time could have done to show us what Bishop Rowland Lee looked like and complete whichever sentence you think is correct:

   a) Yes, we could we be sure that Bishop Rowland Lee really looked like that because...............
   b) No, we couldn't be sure that he really looked like that because...............

3 Closing down the monasteries

KEY QUESTION

Can visiting a historic site like a monastery help us to learn and understand more about the people who lived and worked there?

The source

A photograph of a re-enactment of a service in Valle Crucis, during an activity session for young people run by CADW.

Why was it chosen?

To show the way in which an historic site can be used to find out about aspects of life in the past.

Learning Outcomes

Pupils will:
- begin to understand that there are advantages to having direct experience of historic sites, but there are also limitations to their use in understanding how people in the past thought and acted;
- plan a visit for younger pupils and think about what they will learn;
- identify the important events in the day of a monk and order them to enable a re-enactment;
- come to an informed decision about whether or not Henry was justified in his decision to close the monasteries.

Background information

King Henry VIII desperately wanted a son to succeed him. By 1530 his wife Catherine of Aragon had had one daughter and was too old to have any more children. He asked the Pope for a divorce but it was refused because the Catholic Church believed that divorce was a sin. In 1534, Henry VIII broke away from the Roman Catholic Church and made himself head of a separate Church in England and Wales. Now he could divorce Catherine and take over all the land and wealth belonging to the Church.

Inspectors were sent out and reported back to the king in a survey called 'Valor Ecclesiasticus'. 47 religious houses in Wales were named, with 246 monks, nuns and friars. The inspectors reported that many monks were lazy pleasure-seekers, who earned a wage and employed others to manage their lands. A monk at Strata Florida had been found guilty of counterfeiting. Robert Salusbury, the Abbot of Valle Crucis was found to be the head of a band of highwaymen in Oxfordshire and ended up in the Tower of London, whilst the Abbot of Basingwerk demanded money with menaces. The good work of monks, nuns and friars who ran schools and hospitals and cared for travellers was ignored.

By 1539, all the religious houses in the survey in Wales had been closed down and the monks, nuns and friars sent on their way with a pension. The King then sold the property, in many cases to the local gentry. The dissolution of the monasteries was an indication of the power that Henry VIII had over Wales.

Source Card Activities

1. Think about what you have already learned about the daily life in a monastery as you:

   a) sit quietly with your eyes closed;
   b) sit quietly with your eyes closed listening to a recording of Gregorian Chants which the monks would have sung.

   Does this begin to help you answer the Key Question?

2. Write two sentences about whether it is easier to imagine being in the monastery with or without the music, giving reasons for your decision.

3. You have been asked to organise a visit by a class of Year 3 pupils to an historic monastery site. Think of the activities for them and arrange a timetable for a day's visit.

4. Produce a programme on the computer and list what you want Year 3 to learn from each activity. Think about what they can do on the visit that they wouldn't be able to do in school.

5. Talk about what makes it difficult to really understand what it would have been like to spend your life in the monastery in the picture e.g. "we can go home at the end of the day". Make a list of your ideas and compare them to other groups' answers.

General Activities

1. Working with a partner, write about why the monasteries (**a**) should be closed and (**b**) should be kept open. Research for more information if you need to.

2. Hold a class debate and vote on whether Henry VIII was right to close the monasteries.

The Acts of Union 1536-1543

KEY QUESTION

Why was a map of Wales made in Tudor times and what does it tell us about Wales at that time?

The source

John Speed's map of Wales, dated 1611 but based on 16th century outlines.

Why was it chosen?

a) as an example of an early 17th century map; **b**) to show that, as a result of the Acts of Union, Wales was divided up into counties, many of which still survive after nearly 500 years.

Learning Outcomes

Pupils will:
- have an understanding of the Acts of Union, together with some of their causes and consequences – both short and long term;
- have an awareness that historical events are viewed from different points of view by people living at the time;
- understand that sources are created for different purposes;
- be aware of the characteristic features of Tudor Wales and of ways in which the transport infrastructure in particular has changed since then.

Background information

Wales was still a very unsettled and disorganised country when Henry VIII became King in 1509. It was divided into the Principality and the Marches, with the latter semi-independent of the King and ruled by the great English lords. The more powerful Welsh families were also anxious to have similar rights and powers to their English counterparts, denied them until this time.

Eventually Thomas Cromwell, Henry's new chief minister in the 1530s, introduced the Act of 1536, which divided the Marches into eight new shires, each of which was to elect two MPs for the first time. Other shire officials could also be Welshmen but, as the language of administration and judicial proceedings was to be English, they would have to be English speakers.

An Act of 1543 tidied up the details: four circuit courts of Great Session were created, each covering three shires (Monmouthshire being included in England). Eight JPs were also appointed in each county to hold regular smaller courts – the quarter sessions.

The map is the result both of the need to record new administrative arrangements and of the fear of invasion by Spain. Elizabeth and her government supported the topographical survey made by Christopher Saxton between 1573 and 1578. The shires were represented on seven different sheets, which were then issued as an atlas in 1579. John Speed used Saxton's outlines as the basis of his maps of 1611.

Source Card Activities

1. Research The Acts of Union (use Source Card 2 to help you). Make two lists, one from the English point of view and one from the Welsh point of view, noting what each thought was good about the Acts and what they didn't like about them. Talk about what you have written.

2. If you had taken control over another country, list everything that you would want to know about it. Put the most important information you would need at the top of the list and give your reason for your choice.

3. Look at Source Cards 19 and 20 and discuss what difficulties the English monarchs had in ruling Wales.

4. Try to answer the Key Question and write three things that this map would help you find out about Wales in Tudor times.

General Activities

1. Highlight the names of the shires (counties) and compare them to those of today. Look for differences in the border between England and Wales, then and now.

2. Using this map and a modern map, complete a table of similarities and differences between Wales in the 16th century and nowadays e.g. the towns, the roads. Compare your answers and decide on the main difference and similarity.

3. Do this again for your own county.

5 Sir Rice Mansel

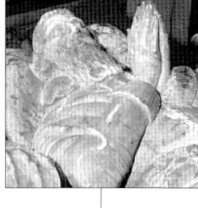

KEY QUESTION

How did the Tudor rich, like the Welshman Sir Rice Mansel, want people in the future to remember them?

The source

An effigy of Rice Mansel in Margam church. This is not his tomb, as he died in London and was buried there.

Why was it chosen?

a) to show one way in which the Tudor rich could represent themselves; **b)** as an example of a contemporary source used by historians; **c)** to introduce the idea of an effigy being created after a person's death.

Learning Outcomes

Pupils will:

- be able to compare the ways in which we can make representations of ourselves and the methods available to the Tudors;
- understand some of the characteristics that people want to portray in their images;
- realise that these representations cannot tell us about what sort of person someone really was;
- have a knowledge of the life of Sir Rice Mansel and of the chronology of the monarchs during whose reigns he lived;
- understand that some Welsh people became very rich during Tudor times.

Background information

Rice Mansel was born in 1487 and as a youngster was placed into the care of his uncle, Sir Matthew Cradock. Cradock was a successful merchant and naval officer and this helped Mansel in his own career. By the age of 30 Mansel had been knighted and married three times, his third wife being Cecily Dabridgecourt, who had close ties to the royal court, through Princess Mary.

As Mansel had served Henry VIII with distinction in Ireland and as a member of the Council of the Marches, the King allowed him first to lease and then to purchase the lands of the dissolved abbey at Margam. This became the main home of the family in preference to Oxwich Castle, on which Mansel had already spent considerable sums.

When Mary became Queen in 1553, Sir Rice and Lady Cecily assumed a more prominent place at court: she had a place of honour at the coronation and he escorted the new Queen with a guard of 500 men. This may have upset other families and could have been the cause of a battle at Oxwich between a group led by Mansel's son, Edward, and a party led by George Herbert. The Queen died a year after this skirmish, Mansel died the following year and all the family's hopes of wielding national influence disappeared.

Source Card Activities

1. Make a list of all the ways in which you can show people in 500 years time what you look like. Think about what it is that you want people in the future to think about you e.g. happy, rich, clever.

2. Make a class collection of photographs and write a short notice under each to describe what it tells us about the person in the photo.

3. Find the word 'effigy' in your dictionary. Tell your partner what you think it is. Look at the effigy of Sir Rice Mansel and decide whether it helps us to understand what sort of man he was.

4. Research as many different types of sources from the Tudor period as you can. Make a list of all the ways you have found in which the Tudors were able to let people living in the future know what they looked like. List what you think they want people to think about them.

5. Discuss why the sources you have found from Tudor times have all been of rich people and how this is different today.

General Activities

1. Make a timeline of the reigns of the Tudor monarchs and on it place events in Sir Rice Mansel's life.

2. Write an obituary of Sir Rice Mansel, including imaginary 'quotes' from his monarchs, other rich Welshmen, friends and family.

6 Katheryn of Berain

How did the Tudors like Katheryn of Berain use portraits to tell us about themselves?

The source

A portrait by Adriaen van Cronenburgh, now hanging in the National Museum and Gallery of Wales in Cardiff.

Why was it chosen?

a) to show Katheryn in a rare example of a portrait of a woman without her husband or family; **b)** to show Katheryn as a woman of power and influence in her own right.

Learning Outcomes

Pupils will understand:

- that portraits do not necessarily give us a true picture of what someone looks like or their personality;
- that Tudor portraits were painted for a specific purpose and were intended to tell the viewer about the subject's status and wealth;
- that it is very unusual to find a portrait from the period of a woman on her own and that Katheryn must therefore have been an important figure;
- the duties and responsibilities of a rich Tudor wife.

Background information

Katheryn lived from c.1534 to 1591, the daughter of Tudur ap Robert Vychan of Berain, which is a large farmhouse near Denbigh. She is reputed to have been very beautiful and to have attracted many suitors. She married four times and all her husbands were very wealthy, including Sir Richard Clough, a merchant from Denbigh who lived in Antwerp, where the portrait of Katheryn was painted.

After her death, Katheryn became the subject of many stories: one alleged that she actually had seven or eight husbands but had killed them by pouring molten lead into their ears. Another claimed that she had attacked Sir Richard Clough in a bedroom at Berain and that the blood, which splattered the wall, would remain for evermore. She is often referred to as 'Mam Gymru', 'The Mother of Wales', because of her numerous descendants.

Katheryn was about 34 when the portrait was painted. Its main purpose was to show social status and family wealth, rather than her personality. She wears black as a symbol of widowhood and around her waist she wears a chain belt and keys, indications of her power as the mistress of the house. One hand rests on a skull (a sign of mortality) and in her other hand she holds the Book of Common Prayer.

It is said that women in Tudor times plucked back their hairlines in order to achieve a fashionable high forehead. Pale complexions were achieved with face powders that often contained white lead – a poison. Only peasants were weather beaten!

Source Card Activities

1. Plan what instructions you are going to give to an artist who is going to paint your portrait e.g. "I want you to make me look ....and ...." etc.

   Think carefully about what you are asking him or her to do.

2. Look at portraits of three Tudors and list the words that describe the way the artist has made them look. Compare your words with the rest of the class.

3. While you do Activity 2, make a note of all the Tudor portraits you find of women and make a list of whether they are with their husbands, with their husbands and children, or on their own. Discuss your findings and why this source is unusual, apart from portraits of one other Tudor woman (Elizabeth I).

4. Write about what the portrait makes you think about Katheryn of Berain (compare her clothes etc. to Elizabeth's) and why she had the portrait painted.

5. Listen to the story your teacher tells you about Katheryn and add anything else you find out about her that would have made her special at that time.

General Activities

1. Research the ways in which rich Tudor wives would have spent their time and work out a day's 'programme' for a lady.

2. Discuss what you have learned and write a sentence about the role of rich women in the Tudor period. Compare your answers.

7 | The Myddelton family and Chirk Castle

KEY QUESTION

Why was Sir Thomas Myddelton painted wearing the robes of the Lord Mayor of London?

The source

A portrait of Sir Thomas Myddelton now hanging in Chirk Castle (artist unknown). He is painted as Lord Mayor of London.

Why was it chosen?

a) to show that we as historians can gain important information from contemporary portraits; **b**) to demonstrate that a Welshman could gain high office in Tudor England.

Learning Outcomes

Pupils will:
- understand that contemporary portraits contain important information for modern historians;
- realise that images were created to tell others at the time about that person;
- understand that Welshmen could become rich and hold important posts in Tudor England;
- understand that holders of important positions at the Tudor courts wore special robes of office;
- realise that the use of official robes is far less widespread nowadays.

Background information

In Tudor times, Chirk was a royal castle until Queen Elizabeth I gave it to the Earl of Leicester in 1563. After Leicester's death, Thomas Myddelton bought it for about £5,000 in 1595. The family still owns the house.

Thomas was the fourth son of Richard Myddelton, M.P. for Denbigh, and had gone to London as a young man to seek his fortune. He became a wealthy and respected merchant adventurer, one of the founders of the East India Company, and in the 1590s made a fortune from financing the exploits of the explorers Francis Drake, Walter Raleigh and John Hawkins. Later in life he became Lord Mayor of London and its M.P. Sir Thomas was a Puritan and helped finance 'Y Beibl Bach', the first popular edition of the Bible, which cost 5 shillings.

Hugh Myddelton, one of Thomas' younger brothers, also went to London and became a wealthy merchant. He was a goldsmith but he also developed lead and silver mines in Ceredigion, which supposedly brought him the fantastic sum of £2,000 a month. Sir Hugh financed the provision of the first clean water supply to London, work that eventually bankrupted him.

Source Card Activities

1. Write as sentences six facts that you have learned from looking at this portrait. Compare your sentences with your partner/group/class. Decide on the three most important pieces of information that this portrait gives you.

2. Look at the other portraits and effigies in the pack or in reference books and CD-ROMs. Discuss how much information they give you and whether it is important information.

General Activities

1. Draw or paint a portrait of a friend and include anything you think is important for an historian looking at it in 500 years time to know about them. Write some sentences about what other pupils' pictures tell you.

2. Write a newspaper article telling the life story of Sir Thomas and create a newspaper page to include the portrait. Research for information on other Welshmen who became rich and famous in Tudor England.

3. Find out the important jobs held in Tudor times and the names of the men who held these posts. Look for portraits of them in their robes of office.

4. Think about the important jobs that people hold today eg. Prime Minister, and look for photographs of them. Discuss why you think robes of office are not as important today.

5. Talk about how these photographs are different from the Tudor images of the rich, famous people, such as Katheryn of Berain and Sir Rice Mansel, that you have seen in this pack.

The rich in Wales

KEY QUESTION

Can we be certain that Raglan Castle looked like this in Tudor times?

The source

A reconstruction showing a gathering in the long gallery at Raglan Castle in the later Tudor period. Ivan Lapper prepared this drawing for use in the guidebook to Raglan, the castle having been in ruin since the time of the Civil War.

Why was it chosen?

a) to show how an artist uses a range of evidence to reconstruct a scene of social life of the Tudor rich; **b)** to show that we can never be certain that our reconstructions are correct.

Learning Outcomes

Pupils will:
- understand that much research is needed when we attempt to reconstruct a scene from the past;
- realise that we can never be certain that our reconstructions are absolutely correct, because the evidence we need does not always exist;
- have a greater knowledge of **a)** the way of life, including pastimes and **b)** the interiors of the homes of the rich Tudors in places such as Raglan Castle.

Background information

By the end of the Tudor period most great houses in England and Wales possessed a Long Gallery on the top floor. Usually these galleries served as places of exercise, where the owners and their families could walk up and down when the weather was poor and outdoor pursuits were impossible.

Much money was spent on decorating long galleries and they were often used to display the family portraits. They were also used for special social gatherings, such as the one depicted here. Raglan belonged to a member of the Herbert family, who held high office in the Tudor Courts as Earl of Pembroke and of Worcester. Henry VII was brought up there between the ages of 5 and 14.

Source Card Activities

1. Without doing any research, and without using the picture, draw what you think the inside of a Tudor house would have looked like.

2. The artist who drew this reconstruction of rich Tudors at home had to research many aspects of their life, so that he could make the drawing as real as possible. Working in pairs, list all the things that he needed to find out more about.
   Make and complete a table showing:
   a) What does he need to research? **b)** What could he use to find out? **c)** Would it be easy or difficult? **d)** Why?

3. List five things that you find interesting in this reconstruction.

4. Working in groups or pairs, research one area eg. furniture, flooring. Draw examples of each and 'reconstruct' a Tudor long gallery, as the artist has done on the Source Card.

5. Write about or discuss the differences in your first and second 'reconstructions' and what you have learned about artists' reconstructions.

6. Complete this chart, marking where your first and second drawings come along the line:

	Very accurate	Quite accurate	Fairly accurate	Not accurate
(1st)	....	....	....	....
(2nd)	....	....	....	....

General Activities

1. Find out what music the Tudors enjoyed and the sort of dances they would have performed in the long gallery at Raglan Castle

2. Research other ways in which the rich Tudors would have passed the time.

Plas Mawr, Conwy

9

KEY QUESTION

How would <u>we</u> reconstruct a Tudor room?

The source

The CADW photograph of Plas Mawr shows the hall where guests were greeted and feasts held on special occasions.

Why was it chosen?

a) to show that restoration inevitably involves a measure of interpretation in the use of colours, materials and furniture; **b**) to show how the wealthy Welsh Tudors spent their money on their return to Wales.

Learning Outcomes

Pupils will understand:

● that artefacts can tell us about life in the past;
● that some contemporary artefacts survive, whilst others do not and have to be replicated;
● which types of contemporary artefacts are likely to have survived;
● that many of the foods eaten by the rich at that period were different from our foods today.

Background information

Plas Mawr was the home of Robert Wynn. Born at Gwydir about 1520, Robert had little hope of inheriting his father's estate because he had older brothers, so he looked for a position in the household of a family with a greater wealth than his own. Eventually he found a place in the household of Sir Philip Hoby, a favourite at the court of Henry VIII. Hoby was sent on diplomatic missions, later serving as an ambassador in Flanders, and Wynn accompanied him.

After Hoby's death Wynn returned to North Wales and, having no estate of his own, began to build Plas Mawr on a plot in Conwy in 1576. Further plots were purchased in 1580 and 1585, enabling him to extend the house and build a gatehouse.

Local stone was used, whilst the woodwork was prefabricated and brought to the site for assembly. This led to a mistake being made: Wynn evidently wanted everyone to see the underside of the fine roof with its beams and trusses. However an error in the calculations led to the roof being less than perfect and so plaster ceilings were installed by men from London to cover the mistake.

The ground floor consisted of the hall, the parlour, the kitchen, the pantry and the brewhouse. The principal family rooms were on the first floor: the great chamber, the red and white chambers, and the two bedrooms. The servants lived in the attic.

Source Card Activities

1. List five similarities and five differences between the room where you eat in your home and the hall in the picture.

2. Talk about what this source tells you about the rich people who lived in Tudor Wales, such as why they wanted such a large room.

3. Decide whether you think that this room has been like this since Tudor times or whether you think that it is a reconstruction. Give reasons for your answers.

4. If you think that it is a reconstruction, make a list of the evidence e.g. examples of Tudor furniture that have survived, and what else would have been needed to help decide what the room looked like 500 years ago.

5. You have been given the task of organising a reconstruction of a room. List what you think might have survived, that you will be able to buy, and what you will need to have replicas of:

May still be an original	Probably need a replica
e.g. Table	e.g. Rush mat

Add your own ideas to the list.

General Activities

1. Research, in groups, the sort of food that would have been served at a feast in the hall and prepare a menu. Highlight the foods that we do not eat today.

10 The homes of the yeoman farmers

KEY QUESTION

How does this evidence help us to find out how the homes and lives of fairly rich (yeomen) Tudor farmers in Wales changed across the Tudor period?

The source

The photographs show two houses: Hendre'r Ywydd, an example of the older Medieval type house, which is an exhibit at the Museum of Welsh Life, St. Fagans; and Tyddyn y Felin, Meirionydd, an example of the new storeyed house being built from about 1560 onwards.

Why was it chosen?

a) to show changes in the lifestyle of yeomen farmers over the Tudor period; **b)** as an example of the homes of Tudors in the stratum between rich and poor.

Learning Outcomes

Pupils will:
- consider the value of museums as a way of preserving and helping us to learn about the past;
- be aware of differences between, and changes in, houses across the period, understanding that some changes are more important than others;
- consider the causes of change;
- understand what an inventory is and how it can help us reconstruct the past.

Background information

When Henry VII became king, most yeomen farmers and even some of the lesser gentry lived in single storey buildings. Farm animals were often housed at one end and there were rooms for the family at the other, usually a workroom, a hall or living room, and a bedroom. The floor was of beaten earth, with an open hearth in the centre of the hall. There was no chimney and, as the windows provided the only ventilation, the hall soon became smoke filled. The furniture tended to be primitive and sparse.

By Elizabeth's reign, the more prosperous farmers had begun to modernise their houses. They had profited from the period of peace brought about by the Tudors, and had been able to acquire more land (a process aided by the dissolution of the monasteries). They began to copy the new houses of the richer gentry and a key feature was the installation of a chimney. This not only took the smoke away from the rooms, but also enabled an upper floor to be put in. A few families were even able to afford glass for the windows and so houses became much warmer and more comfortable.

Inventories (lists of possessions) for the period also indicate an improved lifestyle, with feather beds, cupboards, coffers, chests, trestle tables and chairs being frequently mentioned. Kettles, frying pans, bakestones, spits and other cooking utensils were to be found around the fireplace.

Source Card Activities

1. Talk about why you think it is important that buildings like these are preserved.

2. Discuss the differences in these two Tudor yeomen's homes and list them, putting what you think are the most important differences in order.

   Henry VII_____Elizabeth

   e.g. (1) single storey   upper floor

3. Talk about why you think the homes of these farmers changed. Using as many sources as possible to help you, prepare an estate agents 'For Sale' notice for both houses. Compare yours with other pairs/groups.

General Activities

1. You have been put in charge of reconstructing a farmhouse at the Museum of Welsh Life. List the main source(s) of evidence that will help you to furnish it.

2. Make a record of the things that you have in one room of your house (an inventory) and research so that you can make an inventory of the possessions of a Tudor yeoman farmer.

11 Houses of the poor

KEY QUESTION

How can we use evidence from a later time to recreate a building?

The source

Unfortunately the poor people of the period left little evidence behind them. Nant Wallter, a late 18th century cottage at the Museum of Welsh Life, is the closest example of a house belonging to a poor family. The artist has used the cottage as the basis for his drawing, leaving out what would have been installed at a later time.

Why was it chosen?

a) to show that the homes of the Tudor poor have not survived and we have to depend upon reconstructions;
b) to demonstrate that reconstructions can be based on evidence from a later period than the original.

Learning Outcomes

Pupils will consider:
- that the nature of the building materials used affect durability;
- the problems and decisions facing the artist in reconstructing a scene;
- the possible variations in the representations of different artists;
- the lack of change and marked progress in the lives of the poor over two centuries;
- the characteristic features of the buildings in detail;
- the differences in the two buildings and the lifestyles of their inhabitants.

Background information

It is unlikely that building methods would have altered in the time between the Tudor period and the construction of Nant Wallter Cottage. Walls were built of a mixture of clay and straw called clom. The roof was made of roughly hewn timber, poles, wattle and often an underthatch of gorse, whilst the outer roof was of straw held down by woven straw ropes, with turf to hold down the edges.

It would have been cold and damp and, as the Tudor cottage (unlike Nant Wallter) had no chimney and no glass in the window, smoky and draughty as well. The floor would have been of beaten earth, and in wet or cold weather the window would have been covered with a sheet of oiled linen or a wooden board, making the room very dark. Water would have been taken from a nearby stream or spring, as poor people could not afford to sink wells. Cooking took place over the open hearth, using a cauldron (crochan), a bakestone and a tripod.

The children slept on the crogloft or taflod, a half-open loft above their parent's bedroom, reached by a ladder. The bedding would have been little more than straw, ferns or rushes. The scene would have been like the rhyme, 'There were ten in the bed and the little one said "Roll over!" ("Ffiolo!")'. The children helped with jobs in and around the house and did not go to school. During the evenings they would make rag mats or knit stockings.

Source Card Activities

1. Talk about why you think the homes of the poor did not last as well as the homes of the rich.

2. The artist has used a building from a later time to help him draw this picture. List the problems that he would have had and the decisions he had to make. For example, what did he have to leave out?

3. Talk about whether you think that another artist would have drawn the inside of this house in exactly the same way. Give reasons for your answers.

General Activities

1. The artist who drew this had to use a later building at the Museum of Welsh Life that would have been almost the same as homes of the poor built 200 years before. Work out what this tells us about the poor and their living and working conditions over that time.

2. Create an estate agent's 'For Sale' leaflet for this house, giving details of the structure, materials and facilities for cooking, the water supply etc.

3. Now do the same for the yeoman's home (Source Card 10).

4. Try 'selling' each one to someone from another class.

Towns

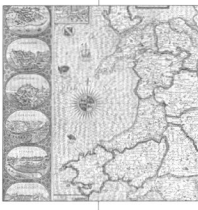

KEY QUESTION

What does this map tell us about Welsh towns in Tudor times?

The source

John Speed's map of Wales, dated 1611 but based on 16th century outlines.

Why was it chosen?

a) to show that a source can be used for more than one purpose; **b)** pupils can use the plan of the town nearest to them, therefore giving a wider geographical spread; **c)** it allows consideration of how it was created.

Learning Outcomes

Pupils will consider:
- the angles from which Speed has 'mapped' the towns;
- the accuracy of the town plans;
- the characteristic features of Tudor town locations;
- the continuity of the existence of Tudor towns;
- the decisions that Speed had to make about the inclusion/exclusion of town plans;
- the possible reasons for his choices;
- similarities /differences in 'their' town in the Tudor and the modern period;
- the early history of 'their' town and the length of time it has been in existence.

Background information

Many towns in Wales had grown up around the castles, where the powerful lords encouraged English supporters to come and set up in trade. By Tudor times these towns were recovering from a period of economic turmoil which had resulted in the Welsh being able to settle and trade. Carmarthen and Brecon were probably the largest towns in Wales, followed by Cardiff, Haverfordwest, Swansea, Wrexham, Caernarfon and Pembroke.

The towns were centres of trade and commerce and Welsh people were now fully entitled to enter them. They became administrative centres, with Welshmen holding important positions. Some had trade guilds, but these were losing their importance. In some boroughs the authorities began to take responsibility for the markets and issued ordinances or rules for the running of the markets.

Town walls became important, not for keeping people out but for marking the area over which the mayor and corporation had authority. They controlled who traded, and where and when the markets took place. They also had a responsibility to keep the streets clean.

Source Card Activities

1. Using your geographical mapping skills, complete these sentences:

(a) John Speed could not have drawn the plans of .... (your nearest town) as he has shown them on this source because...............

(b) John Speed might have drawn the plans of .... (your nearest town) as he has shown them on the map because...............

2. Talk about:
(a) how accurate you think Speed's plans of your town might be;
(b) how we map towns in the Year 2000.

General Activities

1. Describe the geographical location of each of the towns. List the main features that you notice. Decide where you think would be a good place to develop a town in pre-Tudor times.

2. Can you find all of these towns in a modern map of Wales? Write two sentences about what this tells us about them in Tudor times and how the pattern of Welsh towns has changed over time.

3. List any towns/cities in Wales that are not on Speed's map, but are on a modern map. Talk about **(a)** whether he had to make decisions about which towns to include on his map, and **(b)** if there are other reasons why they were not included.

4. Find the nearest town to your school and compare it to a modern map of the town. Identify differences and similarities. List any buildings, such as castles, that are still standing.

5. Find out as much as you can about the early history of 'your' town. Work out whether/ for how long it had been a town before Henry VII became king in 1485.

Crime

KEY QUESTION

Why was this drawing made?

Background information

There was no police force in Tudor times. Following the Act of Union, Justices of the Peace administered the law in all the counties of Wales. They were appointed from amongst the local gentry and knowledge of the law was not a prerequisite for the job. They did have to speak English because that became the language of the courts. The JP also had responsibility for roads and bridges, prices, wages and alehouses.

Punishments were harsh and sometimes unusual. In 1574 David ap Hopkin was found guilty at Cardiff of murdering his wife. He was sentenced to have stone and iron placed on top of his body as he lay on the ground, and to be fed bread and water on alternate days until he died. Robert ap David, who was found guilty of stealing lime, ended up in the pillory at Caernarfon in 1563. Nicholas Richard spent three hours in the stocks at Cowbridge market after stealing leather in 1560. Such felons were only caught because the victims chased them. In a few places a parish constable was appointed but the job took men away from their work and few relished holding the position.

The source

A 16th Century drawing showing 'swimming a witch' – a woman being dipped because she was suspected of being a witch.

Why was it chosen?

a) as an example of a contemporary illustration; **b)** to raise questions about why representations are created.

Learning Outcomes

Pupils will:
- begin to realise that contemporary representations can be made for a number of reasons that aren't always clear to people who look at them at a later date;
- realise that individuals can interpret the drawing in different ways;
- make their own decisions about what the drawing is telling them;
- interpret the source by making a written account of its content;
- gain knowledge and understanding of crime and punishment in Tudor times;
- reach their own conclusions about its fairness.

Source Card Activities

1. This is a drawing which shows one of the ways in which suspected witches were treated. Look at it carefully and think about/discuss what it tells you.

2. Look at the following sentences and mark the sentences that you think are 'true' with a T, 'untrue' with a U, 'maybe' with an M, and 'don't know' with a D.

The drawing was made to:

(a) show that coracles were used on Welsh rivers...............
(b) be a warning to other women who were suspected of being witches...............
(c) show how the punishment of suspected witches should be carried out...............
(d) show the latest fashions for men...............
(e) show that punishments were carried out by men...............
(f) show how cruel this punishment was...............

3. Write three sentences about why you think that the drawing was made, beginning with 'I think that ....because...............'

4. Compare what you have written with other pairs/groups and decide as a class on one sentence that describes what message the drawing tells all of you.

General Activities

1. Write a news report to accompany the drawing.

2. Research other forms of punishment in Tudor times and decide whether you think that some of the punishments were fair or not.

Fishing

How can evidence from a later time tell us about fishing in Tudor times?

- the changing role of river fishing from necessity to hobby;
- that there can be different rates of change over five centuries.

The source

A late 19th century photograph of shell fishermen at Conwy, Gwynedd. It also shows women and boys working alongside the men.

Why was it chosen?

To show that **(a)** evidence from a later time can tell us about one type of fishing in Tudor times; **(b)** little changed in fishing methods between Tudor and Victorian times; **(c)** women were an integral part of the fishing industry in Tudor times and in the 19th century.

Learning outcomes

Pupils will understand :
- that some technologies, such as fishing methods, remained unchanged for many centuries;
- that evidence from a later date can help us understand the ways of life of people a long time ago e.g. fishing methods, the role of women in that industry;
- that other types of evidence can confirm that little changed over those centuries e.g. writings. paintings, artefacts;
- that there are similarities and differences over time in aspects of life such as fishing;
- the use of fish in Tudor diets;

Background information

There were abundant stocks of fish in the rivers of Wales and around its coast during the 16th century and salmon, turbot, oysters, lobsters, herrings and eels were caught in considerable numbers. Shellfish such as mussels, cockles and oysters were easily gathered along the coastline. Offshore fishing was often a part-time, seasonal occupation, with several families owning part-shares in vessels.

Herrings were caught using nets, which drifted with the tide and were cast in the evening and drawn in the following morning. Places like Beaumaris, Aberystwyth and Tenby became busy during the herring season in September, with fish being packed into barrels of salt and carried off to market.

Rivers were often straddled at strategic places by fishweirs made of stone, timber and wattle. Fish would swim over the weir on the incoming tide to be left stranded when the tide receded. In the Severn Estuary, wicker basket traps were used to catch salmon, whilst eels were caught in smaller versions of the traps. The family tradition of fishing with coracles and nets also existed on many of the rivers, with the design of the coracle varying from river to river.

Source Card Activities

1. Write three sentences about the most important pieces of information that this source gives you. Decide as a class on the most important information, giving your reasons .

2. List what other evidence we could use to find out whether fishing in Tudor times was really like what we see in this photograph.

3. Decide on the similarities and differences between this source and a modern photograph of fishermen.

General Activities

1. Using a book of Tudor recipes make a list of the types of **(a)** seafish and **(b)** river fish used by the rich and the poor, and how the fish were prepared.

2. Compare your findings using a modern cookery book.

3. Discuss whether sea and river fishing have changed since Tudor and Victorian times, and discuss whether the reasons why people go sea and river fishing have also changed.

4. Decide as a class on the most important change since Tudor times.

5. Draw two simple timelines (in centuries) from the 16th century to today, and mark the time of greatest change in the sea and river fishing industry. Talk about what you notice.

Farming

KEY QUESTION

Does this picture tell us what farming was really like in Tudor Times?

The source

A manuscript illustration made in the late 15th century. It comes from a French version of a book called 'Liber ruralium commordoram' by Pietro de Crescenzi.

Why was it chosen?

a) to show that illustrations of industries such as farming can show an idealised image of farming life, and fail to show the harsh reality of the work;

b) because it is a contemporary source.

Learning Outcomes

Pupils will:
- begin to realise that pictures of daily life in the past do not always show the reality of the situation, such as the harshness of farming life in Tudor times;
- compare farming methods over a 500 year span;
- recognise changes in farming methods and understand the farming year;
- understand the importance of farming in Welsh life of the period.

Background information

In Tudor times farms began to take on a familiar shape, with fields being enclosed by hedges, walls and ditches. Nearly everyone in Wales made their living from the land at this time and how it was done depended on local needs and conditions. Each farmer tried to be as self-reliant as possible and only the surplus was taken to market.

In some parts of Wales enough corn was produced for it to be exported to Ireland. Wheat, oats and barley were popular, whilst rye was grown on poor or reclaimed land. Beans and peas were grown in small quantities and occasionally hemp, flax and hops.

Cattle were reared for meat and milk, though 'milk kine' are mentioned in some inventories and there was considerable trade in butter from the Vale of Glamorgan. Beef cattle were sold at summer fairs to middlemen or drovers and in some areas cattle were still slaughtered in the autumn because winter feed was in short supply.

Sheep were kept for their wool that went either to local markets in Wales or to England. Oxen were reared as draught animals, to pull the plough or farm wagons. Later in the period horses began to take their place and there were busy markets for horses in Pembrokeshire, Radnorshire and West Gower. Pigs, geese, ducks and chickens would also have been kept on most farms.

Source Card Activities

1. Look at books etc. about farming in the 20th century. Talk about the main differences between the two periods.

2. Look at the following sentences and mark the ones you think are 'true' with a T, 'false' with an F and 'don't know' with a D.
   a) The artist was probably a farmer...............
   b) He wanted to show farming as it really was...............
   c) He painted this at a real farm using the farmer and his workers as models...............
   d) This was painted at harvest time...............
   e) Every Tudor farm looked like this...............
   f) The artist did not want to paint the machinery...............
   (There are no right or wrong answers, but you will have to give reasons why you decided on your answers).

3. Talk about your answers and the reasons for them.

General Activities

1. Put a cross alongside four farming activities in the Source Card picture and complete the table:

Activity	Same in Year 2000	Different in Year 2000

2. Research the farming year in Tudor Wales and make a wheel showing the activities on the farm during each month or season. Do the same for farming nowadays.

3. List three of the main differences between farming and food 500 years ago and now.

Food and its preparation

16

KEY QUESTION

How would you go about creating a restoration such as this kitchen?

The source

A photograph of the kitchen at Plas Mawr, as it is now shown to the public.

Why was it chosen?

a) as an example of a recent reconstruction of a kitchen in a wealthy Welsh Tudor household, now open to the public; **b**) to demonstrate that restorations are interpretations of the past based on research.

Learning Outcomes

Pupils will consider:
- the range of historic buildings that they have visited;
- restorations they have experienced and the impact they have made upon them;
- that restorations such as this are interpretations of the past based on research;
- the issues to be considered when restorations are made;
- the differences in the cooking and eating habits and diets of the rich and the poor in Tudor times;
- variations in the information provided by three sources.

Background information

Whilst it is more difficult to find out about the diet of ordinary people, useful evidence survives about what the rich ate. They were able to buy their food, whereas the ordinary families who lived in the country produced their own.

Meat dishes would have included mutton, veal, beef, pork, calves feet and bacon. Other favourite dishes were egg pies and goat gruel. It was fashionable for the rich to eat white bread, but most people ate oatcakes, peascakes and rye bread.

Vegetables would have included onions, beans, turnips, leeks, cabbages and parsnips. Apples, plums, strawberries, blackberries and cherries also appeared in the diet of the fairly wealthy, whilst the wealthiest began to grow apricots, oranges, lemons and raspberries in their gardens. Meals were washed down with beer, mulled ale or sour milk. During the reign of Elizabeth I, sugar became fashionable with the wealthy, whilst the poorer families continued to use honey to sweeten their food. The poorest survived on a diet of pottage.

Cooking was carried out over an open hearth using a cauldron, a bakestone and a pot oven. In the more affluent households, wall ovens were used. Food was served on square wooden plates with a small hollow for salt and a large central hollow which could hold the meat and the gravy. Spoons and steel knives were used, but no forks. Ale and wine were served in leather or horn jugs and drunk from wooden cups. Earthenware and pewter were found in the wealthier households, whilst glass could be found in the richest homes.

Source Card Activities

1. As a class, make a list of all the buildings that you have visited, either with your school or with your family, that have shown you what life was like in the past.

2. Talk about how the buildings were different / the same and whether some of them have been restored to look as they did when the building was in use. Write down what you liked / didn't like (and why) about one or two of them and compare your answers.

3. You are now in charge of the restoration of a Tudor kitchen. It is up to you to interpret the past. Write about how you will set about your work. Remember that you have to think about things such as: cost; availability of artefacts; time; historical research; the needs of visitors; the importance of getting things 'right' historically.

General Activities

1. Find three books about food in Tudor times (Sources 1, 2 and 3) and complete this table:

	Source 1		Source 2		Source 3	
	Rich	*Poor*	*Rich*	*Poor*	*Rich*	*Poor*
Cooking methods						
Meat						
Fruit						
Vegetables						
Amounts of food						

Add other rows as you think of more categories e.g. cooking and eating utensils.

2. Pretend that you are a food writer, and write two articles: the first about the food and eating habits of the rich; the second about the food and eating habits of the poor in Tudor times

Illness

How much does this source help us learn about illness and medicine in Tudor times?

The source

An engraving by Johannes Stradanus (1523-1605) showing a doctor visiting a patient while his assistant makes up a medicine. Stradanus was born in Bruges but went to Italy, where he worked for the Pope.

Why was it chosen?

As an example of a contemporary view of medicine in Tudor times.

Learning Outcomes

Pupils will:
- understand that the rich and poor of this period received the same medical treatment;
- recognise some differences in the characteristic features (illness and medical treatment) of two periods;
- identify details of importance in a source;
- ask and answer historical questions;
- research using oral history;
- communicate their findings in a variety of ways.

Background information

Medical knowledge was limited in Tudor times and many illnesses were not easily identified, although smallpox and 'sweating sickness' (probably like flu) were well known.

As there were few doctors in Wales, the people relied on a mix of herbal remedies, dietary control, astrology, charms and bleeding to keep the four 'humours', or fluids which made up the body, in balance.

In some parts of the country in Tudor times, remedies found in the works of the Physicians of Myddfai, near Llandovery, were still popular. Often these were based on plants and the 'doctrines of signatures' i.e. the belief that most plants bear a mark indicating which illnesses they cure. This resulted in plant names being associated with the organs whose diseases they cured e.g. Lungwort and Eyebright.

Many of the herbs used can still be found in the garden today. Lemon balm was used to cure headaches and insect bites; lavender to relieve rheumatism; mint to encourage sleep and ease coughs and colds; thyme as an antiseptic; and sage to clean teeth, when ground up with salt (the toothbrush had only just been invented in 1496).

Leeches were used to suck 'bad' blood to bring down a patient's temperature, whilst 'barber surgeons' would bleed their patients (hence the red and white striped barber's pole).

Source Card Activities

1. Discuss what you already know about medicine before the coming of 'modern medicine' and whether the treatment people were given then depended on whether they were rich or poor.

2. In washable pen, mark on the picture anything that tells you something you feel is important.

General Activities

1. Ask your great/grandparents if they remember any 'remedies' for illnesses.

2. Working with a partner, ask each other one question about Tudor medicine and carry out research to find the answer.

3. Look at books about herbs and make a class book of herbal remedies.

4. Design a herb garden and produce a plan of it, using a drawing programme.

5. Choose a simple remedy you have found and make it in class e.g. lemon and honey as a cure for colds.

6. List all the sources you have used to find more about illness in Tudor times.

Mining

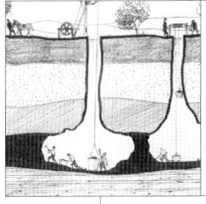

KEY QUESTION

Can we work out what is happening in this drawing?

Background information

For centuries, coal had been mined in Wales by digging shallow pits shaped like bells. The coal was usually for local use, but increasing demand for coal from France, Ireland and England resulted in deeper pits being dug. Mines were sunk in new areas, around Swansea, Neath, Llanelli, Pembrokeshire, Wrexham and the fringes of the Vale of Glamorgan. Coal fires had become so popular in London that by the end of Elizabeth's reign there were more than 200 chimney sweeps working in the city.

Large mines employed about 16 workers, including women and children: 3 diggers, 7 bearers, 1 filler, 4 winders and 2 riddlers. They worked from 6 a.m. until 6 p.m., with an hour for lunch. They could mine 100 barrels of coal a day, with the barrels being pulled to the surface by a horse gin or by a windlass. Women and children worked in terrible conditions, the only light coming from tallow candles held in balls of clay.

Lead mining was also carried out in Glamorgan and particularly near Chirk, where the Myddelton family made a fortune.

The source

An illustration showing bell pits, taken from a school textbook published in 1972 called 'Children in the Mines'.

Why was it chosen?

As an example of a recent illustration of a type of Tudor mining.

Learning Outcomes

Pupils will:
- evaluate the quality of the source in terms of the information it conveys;
- use the source to produce a written account of what it tells us;
- compare written reports;
- identify what the source doesn't tell them;
- understand different methods of coal mining;
- identify the coalfields of Wales;
- consider change over time in the coal industry.

Source Card Activities

1. Look carefully at this drawing of mining in Tudor times and discuss whether it is a good illustration.

2. Write a short newspaper report to go with the drawing, explaining what is happening. Exchange your report with your partner when you have finished and talk about the differences in the two reports.

3. List the questions you would want to ask the miners in the picture

4. You have identified the facts that the picture tells you, now talk about what it <u>doesn't</u> tell you. Draw another picture to show this.

General Activities

1. Research other methods of mining coal in Wales.

2. Mark the coalfields on a map of Wales.

3. Talk about why there are now so few coalmines in Wales.

19 Roads

KEY QUESTION

What does this source help historians to understand about bridges and transport in Tudor times?

The source

A photograph of Pont Minllyn on the River Dyfi at Dinas Mawddwy in Gwynedd.

Why was it chosen?

a) as an example of a surviving original artefact from the period; **b)** as evidence of the transport system of the time; **c)** as an example of how structures can give the historian a picture of a period.

Learning Outcomes

Pupils will:
- consider what evidence the source provides;
- ask and answer questions about what the source does not tell us;
- gain knowledge and understanding of the characteristic features of transport in Tudor times;
- organise and communicate their findings;
- carry out a Design & Technology activity.

Background information

Pont Minllyn was one of three public bridges supposedly built by Dr. John Davies during the final years of Elizabeth's reign. It has two arches that span about 20 metres across the river, has no parapets and is only 3 metres wide.

Roads in Tudor times were just unplanned beaten tracks and often shifted position as people went 'off the beaten track' to find a dry section to use.

In 1555 an act was passed ordering everybody in each parish to spend six consecutive days during the summer repairing the roads. The Justices of the Peace were supposed to see that this happened but often failed to do so. As a result roads and bridges were in a poor state.

The poor had to walk, the wealthy travelled on horseback and goods were carried by packhorse. Tudor roads were dangerous places: carts would often break their wheels or fall off timber bridges, and robbers and foot-pads would lie in wait for the unsuspecting traveller. Many people preferred to travel slowly with the drovers for safety.

Source Card Activities

1. This bridge at Pont Minllyn has survived since Tudor times. Tick the statement if you think it is true:

The bridge helps historians to work out:	
what materials were used to build bridges	
the width of carts in Tudor times	
the way in which it was constructed	
what road surfaces were made of	
the routes of roads in the area	

2. Talk about what the picture <u>doesn't</u> tell us about travel in Tudor times and make a list of questions you want to find answers to.

3. Find a picture of a modern bridge and make a list of what you think it will tell historians in 500 years time about transport in the year 2000.

General Activities

1. Find out the answers to your questions in Activity 2.

2. Make a book on 'Travel in Tudor Times' and place it in the school library.

3. Design and make a replica of this bridge. Test how much weight it will carry.

Sea trade

KEY QUESTION

How did goods get to Wales in Tudor times?

The source

An enlargement of part of Christopher Saxton's map of 1580, showing vessels off the coast of South Wales.

Why was it chosen?

a) as an example of a map of Wales produced in Tudor times; **b**) to show that historians can use one source for several avenues of research.

Learning Outcomes

Pupils will:
- understand that a source can give more information than was originally intended;
- understand that historians can use one source to find different kinds of information;
- ask and answer historical questions;
- understand that transport and communication in Tudor Wales were very different from nowadays;
- realise that trade in Tudor Wales was a two-way process;
- research, organise and communicate their findings.

Background information

In Tudor times the quickest and often the safest method of transporting goods was by sea. As a result there were numerous ports around the Welsh coast, from Barry and Aberthaw in the Vale of Glamorgan, to Carmarthen, Tenby, Cardigan and Aberporth in the West and Caernarfon, Beaumaris and Conway in the North.

These ports traded with Liverpool, Bristol, the West Country and Ireland, using flat bottomed, single masted vessels of 20 – 60 tons. (Such a ship could fit in the average school hall). The ship had little deck and no living accommodation. The crew would have consisted of the master (often the owner), one or two sailors and a boy, and sailing was not their only job.

These little vessels would carry livestock, farm produce, cereals, dairy goods, wool and cloth, fish, coal and iron, and returned to Wales with luxury goods like wines, cloth, sugar, chimney pots and even clay ovens. Larger ships sailed to and from France and Spain, trading wines, salt, raisins and quality cloth in return for Welsh wool, cloth, coal, iron and lead.

Source Card Activities

1. Look at a modern map of Wales and talk about how it is different from Christopher Saxton's map of 1580.

2. Make a list of three questions to ask a partner about the Saxton map. Exchange questions and work out the answers.

3. Using your knowledge from Source Card 19, tick the statement which you think is probably correct:

Saxton drew the ships to make the map look pretty and wanted to fill up a space	
Saxton drew the ships because they were important to travel to and from Wales	
Saxton was interested in ships and liked drawing them	

General Activities

1. On the map, mark the ports you can see, together with the rivers that fairly large boats could travel on.

2. Sort cards into sets for 'goods in' and 'goods out' for British and continental ports.

3. Write a list of the cargo being carried out and back for one small ship at the port nearest to you. Mark its route on a map of England and Wales.

4. Research the different types of ship of the period and produce your findings in the form of a reference book. Put the book into the school library for other classes to use.

Pirates!

KEY QUESTION

Were there pirates in Wales in the sixteenth century?

The source

A photograph of a replica of the vessel 'Golden Hinde'.

Why was it chosen?

a) as a modern reproduction of a Tudor ship; **b)** to contrast with the other sources in the pack dealing with sea trade and the Armada.

Learning Outcomes

Pupils will:
- revise and use previous knowledge and understanding;
- consider the durability of materials, such as wood;
- show understanding of the use of contemporary sources to aid the reconstruction of the original artefact;
- consider the reliability of the story of John Callice;
- research, organise and communicate their findings.

Background information

The 'Golden Hinde' is a replica of Sir Francis Drake's ship in which he sailed around the world in 1577-1580. A pirate ship in Tudor times would have looked like this.

John Callice was a Tudor pirate, born near Tintern Abbey. It is said that his parents died when he was little and that he was sent to London to be brought up by an alderman who had been Lord Mayor. The alderman did not want John around, so he sent him to sea as soon as he was old enough. It is possible that John was a pirate before he became a teenager.

In 1574 John brought his own ship 'The Olyphant', and a Portuguese vessel he had captured, to Cardiff, where he sold both the ship and its cargo of sugar to the local gentry (which included people who were meant to be fighting against piracy).

John found that Cardiff was a good place to sell his booty and the people did not mind what he brought them. He even sold a cargo of salted fish quite easily. Other booty included butter, lambskins, fruit and wine.

John was captured near the Isle of Wight in April 1577 and sent to the Tower of London. Amazingly he received a pardon from Elizabeth I, possibly for informing on two more notorious pirates called Hickens and Battes. John Callice probably returned to piracy, and it is thought that other pirates killed him in1587, off the Barbary Coast (North Africa).

Source Card Activities

1. Following your work on Source Card 20, decide whether this ship is a trading vessel or a warship. Give reasons for your decision.

2. Complete the sentence

I/we think that the ship on the Source Card is not the original one from Tudor times because...............

I/we think that this replica ship was built to...............

The builders would have used............... to help them know what the original Golden Hinde looked like.

General Activities

1. You have been given the story of John Callice by your teacher. Underline in different colours the sentences that you think are true, not true or probably not true.

2. Research stories about other pirates of this time, especially Henry Morgan. Prepare a 'Pirate Book' and present it to another class.

22 The Welsh at war

KEY QUESTION

How can artefacts from Tudor times help a modern artist to reconstruct a scene?

The source

A drawing by Geraint Derbyshire commissioned by CADW, showing soldiers in 16th century armour.

Why was it chosen?

a) to show how artefacts can be used to create a picture of the past; **b**) to show that we do not need an entire artefact to recreate it.

Learning Outcomes

Pupils will understand that:
- some materials decay over time;
- it is possible to reconstruct artefacts without having all of the original object(s);
- all reconstructions contain some element of the maker's imagination;
- the artist will often have to use sources other that the artefact itself;
- Welshmen fought for the Tudor kings;
- Spanish ships sailed around, and threatened, the Welsh coast.

Background information

The reconstruction is based upon pieces of armour found in a ditch on the site of Montgomery Castle, having been dumped there after the Battle of Montgomery 1644. Nearly 600 fragments of obsolete armour were discovered during the excavations at Montgomery, which gives us an indication of the number of trouble spots active in the Tudor times.

Many Welsh troops volunteered or were forced to fight in the Netherlands and in Ireland. Between 1594 and 1602 more than 6,000 Welsh men fought in Ireland, many with distinction. At the Battle of the Yellow Ford in 1598, Captain Edmund Owen was cut to pieces 'for he would not part with his colours until he was slain'. On their return many found life difficult and were forced to resort to begging.

There was also a shift in Welsh opinion as Wales became more strongly bound into a kingdom which rejoiced in these victories. This was also true of the defeat of the Armada, which was celebrated in a Welsh ballad even though it passed Wales by.

However, a further attempt at invasion in 1597 resulted in the capture of a Spanish vessel at Milford Haven and the appearance of another, 'The Bear of Amsterdam', driven by the wind into the Dyfi estuary. The local militia could not reach the vessel, though they claimed to have killed members of a landing party. Tradition states that some of the Spaniards managed to land and hide in the hills and eventually intermarried with local Welsh people. When the storm abated, the vessel made its escape, only to be captured off Dartmouth.

Source Card Activities

1. The artist has used pieces of armour found in a battlefield of 1644 as evidence to help him draw the picture. List materials from that time that would decay and those that would not.

2. Imagine that the artist has no other evidence apart from the armour that has been found. Using a highlighter pen, mark on the drawing the <u>minimum</u> number of pieces of armour that the artist would need to draw the reconstruction. Would he need, for example, the armour from both shoulders? Compare and discuss your ideas.

3. In another colour, highlight the materials that would have decayed and that the artist has had to research or imagine.

4. Discuss what you notice about the two colours.

General Activities

1. It is now your work to research, using as many sources as possible, the armour of the period and produce a guide for pupils in another class or for the school library.

2. Listen to the story of 'The Bear of Amsterdam' and create a storyboard of the events.

23 Cnapan: a popular ball game

KEY QUESTION

Why were some events in Tudor times illustrated at a much later date?

The source

An illustration of a game of cnapan in full swing, drawn by H M Brock for 'The Badminton Magazine' 1898.

Why was it chosen?

a) to show that interesting events were not always recorded at the time; **b**) to illustrate that artists 100 years age reconstructed events from Tudor times; **c**) because it is important to know the context of a reconstruction before we can interpret it correctly.

Learning Outcomes

Pupils will understand that:
- some events, particularly those of the poor, were too unimportant to record at the time;
- artists can decide that they want to illustrate these events, sometimes hundreds of years later;
- artists in the future will have far more pictorial evidence through videos and photographs;
- pictures can be interpreted in different ways, particularly if we do not have any background information.

Background information

Cnapan was a team game played by the poorer people and was very popular in South West Wales, where it is considered to be the precursor of rugby. There was no limit to the number of players per side and, as the goals were often several miles apart, some of the team might be on horseback. The game was played with a hard wooden ball, the size of a cricket ball, which was boiled in tallow to make it slippery. The object of the game was to score a goal. Players could run with the ball or throw it and tackling was allowed, as was the use of sticks and cudgels.

Games of cnapan were annual events and villages or districts would play each other on particular days. Sometimes there were as many as 1000 players a side. The game started at one or two o'clock, with players stripping except for 'a tight pair of breeches'.

The games attracted large crowds and stalls selling 'meate, drinke and wyne of all sorts' (George Owen). The contests were often violent, with 'broken heades, black faces, bruised bodies and lame legges' (Owen). The fighting would be brought to an end by the call of 'Heddwch!' ('Peace!'). Despite the cuts and bruises the players returned home 'laughing and jesting at their harms . . in good merth without grudge or hatred' (Owen).

Source Card Activities

1. A hundred years ago the artist HM Brock drew this picture of a game played by the poor, 300 years after it took place. Try to answer these questions:

a) Why do you think no one drew a game of cnapan in Tudor times?

b) Why did the artist decide to draw the game in 1898?

c) What evidence might he have used?

d) If artists want to draw a picture of a football match in 500 years time, will they have the same problem?

General Activities

1. We know that this is a game, but think about how else we could interpret the drawing e.g. as a gang of men attacking the man next to the stall.

2. In pairs write a commentary/description for the picture (a) as a game and (b) as a fight.

3. Now show the picture to children from another class and read both of your commentaries/descriptions. Ask them to vote on which commentary they think is true. Count the votes and talk about what the results tell you.

Outdoor pastimes of the rich

KEY QUESTION

How and why is this source different from Source Card 23?

The source

An embroidery in the Victoria and Albert Museum.

Why was it chosen?

a) to illustrate another method of representation;
b) to highlight the differences in the pastimes of the rich and the poor.

Learning Outcomes

Pupils will:
- compare, from a range of perspectives, sources based on the same subject of 'pastimes';
- identify differences in the sources and give reasons for these differences;
- identify differences in the ways of life of the rich and poor of the period;
- acquire knowledge of the characteristic features of the period.

Background information

Whilst the gentry may have watched cnapan with great interest, only the rich men would have expended their energy hunting, hawking or fishing.

Though deer ran wild over the hills of Wales, wealthy landowners kept herds of deer for hunting in parks surrounded by walls, ditches or hedges. Some had been newly created whilst others, like Parc Le Breos in Gower, dated from the medieval period. The deer provided venison for the table as well as sport.

Some members of the gentry also kept birds of prey for hunting and employed a falconer to look after and breed the birds. In fact it was illegal for anyone else to rear and keep birds of prey during Tudor times. They were used to hunt wildfowl, which would also end up on the dinner table. Once the hawk had caught its prey it was easy to find because of the bells attached to its feet.

The rich also enjoyed hunting wild boar, hares, wildcats, polecats and even red squirrels. Bears which had been hunted in medieval times were now only used for baiting and the period from 1550 to 1600 was the perhaps the 'golden age' for this 'sport'.

Many of the parks also contained lakes which were well stocked with fish. Whereas the poor would be concerned with catching enough fish to eat, the wealthy could indulge in angling. Fishing line was made from horsehair and the hooks from blackthorn.

Source Card Activities

1. Decide on the answers to the these questions about Source 23 and Source 24:

	Source 23	Source 24
Who do these sources show?		
When were they made?		
Why were they made?		
How were they made?		
What do they show?		

2. As a class, talk about your answers and answer the Key Question.

General Activities

1. Complete the sentences:

    The rich were able to go hunting often because...............

    The poor could play cnapan once a year because..............

2. Working in groups, research the sports of the rich and make a guide to Tudor Outdoor Pastimes. Place the completed guide in the school library.

25 Tudor music and dance

KEY QUESTION

Was it really like this?

The source

This is a still photograph taken from the film 'Anne of the Thousand Days', showing a 20th century film director's view of the royal court at play.

Why was it chosen?

As an example of a scene set in Tudor times, reconstructed in a modern film.

Learning Outcomes

Pupils will:
- make decisions regarding priorities and the place of historical authenticity in relation to dramatic needs;
- compare Tudor and modern music;
- decide upon the appropriateness of a piece of Tudor music to accompany a film scene;
- research and produce their findings on Tudor musical instruments;
- learn and present an original or new dance.

Background information

During the sixteenth century more and more music was being written down, and as a result more is known about composers such as William Byrd, Thomas Campion and John Dowland. These men wrote music for dancing and singing, as well as sacred music.

The wealthy would have brought such music back to Wales, along with the dances associated with it. Music of Welsh origin then became unfashionable, though Welsh musicians were sought after in London, singing in the choir of the Chapel Royal and one becoming organist at St. Paul's. Instruments such as the lute, the recorder and the virginals were popular among the wealthy.

The poor in Wales still entertained themselves with the crwth, pibgorn and harp, and dancing was still popular. Cadi ha; Hela'r dryw (Hunting the wren); and Dawnsio cangen ha (Dancing the summer bough) all appear in late dancing manuals.

Source Card Activities

1. You are the director of a film set in Tudor times and have to think about the following:

changing the story to give a happy ending	
making the story historically correct	
having a big star to take the lead role	
spending as little money as possible to make the film	
making a lot of money at the box office	
spending a lot of time and money on historical research e.g. costumes	

Place them in order of importance and number them at the side to show your choice. Compare your answers.

General Activities

1. Listen to tapes of Tudor music. Remember that this was the Tudors' pop music. Discuss how it compares with the music that you enjoy.

2. If you were a film director, decide what piece of music you would choose to accompany the scene on the Source Card.

3. Find out about the instruments that were used to make Tudor music and make a book about Tudor musical instruments for the school library.

4. Learn or make up a dance to accompany one piece of music that you hear.

5. Devise a street cry (these were first noted down in this period).

26 Schooling

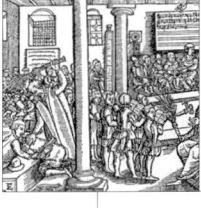

KEY QUESTION

What were schools like in Tudor times?

The source

A contemporary woodcut of a classroom, typical of illustrations used in books of the period.

Why was it chosen?

a) to show a contemporary view of Tudor education;
b) to show the use of woodcuts as illustrations in Tudor books.

Learning Outcomes

Pupils will:
- be aware that images are constructed to give information;
- think about the information that they want to convey in their photograph about school life today;
- make decisions about the content of their photograph;
- understand the characteristic features of a Tudor school.

Background information

During the 16th century literacy became more common among the wealthy and the development of printing fuelled a lively interest in books and manuscripts. The gentry employed tutors to teach their own children and those of their household (girls as well as boys).

After the closure of the monastic schools, dame schools were opened in some places. More significant was the establishment of grammar schools for wealthy boys in towns such as Abergavenny (1543), and Bangor (1557). They taught Latin grammar and literature and a little Greek. Pupil numbers ranged from 20 to 120, but there were rarely more than two teachers and only one classroom. Boys might enter at any age between 8 and 16 and could stay for five or six years. School began at 6.00 a.m. and went on to 5.00 or 6.00 p.m.. There were no summer holidays, though there were long holidays at Christmas and Easter.

The classroom would have been noisy, dirty and cold. Pupils had to supply their own slates, paper and pens and also candles for the winter. Lessons consisted of the repetition and memorising of long pieces of text. Strict lessons in behaviour were also given, with a long list of Don'ts: don't scratch your head; don't pick your teeth with your knife etc. Flogging was common for even the most trivial of offences, such as failing to learn a Latin verb. The boys endured this, as they knew that it would be the key to a good career in the church, medicine or law.

Source Card Activities

1. Using a digital camera, take a photograph of the class at work which will tell people living in Year 2500 what your school was like in the Year 2000. Think about whether you will, for example, wear your best clothes.

2. List the information that you want people in the Year 2500 to learn about your school.

3. Look at the woodcut that was made in Tudor times. What information did the artist want to give about school in Tudor times?

4. How will your picture be different from the Tudor artist's? Think about who decided what would be in the woodcut: did the pupils in the Tudor school decide?

General Activities

1. Look at your school prospectus/brochure and, following its pattern as closely as you can, write a brief prospectus/brochure for the school in the woodcut.

2. One pupil plays the part of the Tudor artist, explaining to the group/class how he felt about his schooldays and why he made this woodcut.

3. Take the role of a Tudor pupil explaining the school rules and school life to a new pupil.

4. Research and make a timetable for a day in a Tudor school. Compare it to yours.

27 Tudor children

KEY QUESTION

How useful is this painting in telling us about rich children in Tudor times?

The source

Little is known about this oil painting of a boy and a girl, which hangs in St. Fagans Castle. It is dated 1586 and once belonged to the Earl of Plymouth. The children evidently came from a wealthy family but it is not possible to say where they lived.

Why was it chosen?

As a rare Welsh example of a full length portrait of children shown without their parents.

Learning Outcomes

Pupils will:
- consider what information this portrait gives us, together with what it does not tell us;
- compare examples of portraits of children across the period;
- compare the relative value of portraits and contemporary photographs;
- compare representations of rich and poor Tudor children;
- have knowledge of the characteristics of Tudor dress;
- understand the characteristic features of Tudor family life.

Background information

At all levels of society, children in Tudor times were often considered as small but troublesome adults and as soon as they were old enough they were dressed like adults. The poorest were expected to work on the farm, in the home or as apprentices. The wealthy were taught the skills needed to assume their place in society and possibly at court. The boys learned to read and write, to hunt and fence, whilst the girls learned to sew, cook, dance and entertain.

A few portraits of children from wealthy families survive from the period. Children are also shown on family tombs, although these tend to be very generalised images.

Source Card Activities

1. Write two or three sentences about each of the following:

   a) what you see in the portrait;

   b) what the portrait tells you;

   c) what the portrait <u>doesn't</u> tell you;

   d) what extra information you would like the portrait to give you.

2. Find other examples of Tudor family portraits and make a note of the similarities and differences between the children on this Source Card and those in the other portraits.

3. Compare all of these portraits with photographs of you and your friends. Talk about whether, in 500 years time, your photos will tell historians like you more about you and your life style than the Tudor portraits tell us.

4. Compare this portrait with Source Card 27 of Tudor games. Think about:

   (a) why each one was painted; (b) how they were painted; (c) the different information that they give.

General Activities

1. Research the clothes that the children in the portrait are wearing and label as many items as you can.

2. Give the children names and use your imagination to write about their family, home, toys and anything else that you find out about through research. Produce your findings as a newspaper article.

28 Children's games

KEY QUESTION

How did the artist create this painting?

The source

'Children's Games', painted by Pieter Brueghel the Elder, showing a scene in Flanders in 1560. The painting is now in an art gallery in Vienna.

Why was it chosen?

a) to show that this painter wanted to record everyday life of ordinary people in Tudor times; **b)** to show that paintings can be composites and not just a copy of a scene made at one time.

Learning Outcomes

Pupils will:
- understand that this type of painting is not created without much preparation and decision making about what messages and information the artist wants to convey;
- have an opportunity to make decisions about what they would want the source to convey and whether the finished product does that;
- research children's games through the ages, comparing and contrasting over time;
- convey their findings in the form of a timeline;
- consider the different rates of change in children's games since Roman times.

Background information

Pieter Brueghel the Elder (c.1525 – 1569), belonged to an important Flemish family of professional artists and is now considered to be one of the most influential painters of the mid 16th. century in Northern Europe, because he concentrated on landscapes and everyday scenes.

'Children's Games' is very much a bird's eye view of everyday life. He shows children being nice and horrid, independent and friendly, sensible and naughty, as they play a wide range of games.

Source Card Activities

1. Discuss why it would not have been possible for the artist to have looked out of his window and painted what he saw at once.

2. If you were the artist in Tudor times, decide on what you want your painting to tell the person looking at it (children's games, children's nature, daily life, children's clothes etc.)

3. Describe what you would have to do before you began the painting.

   Would you be satisfied with the finished painting (in terms of your answer to question 2)?

4. Look at Source Cards 7, 23 and 24 and talk about how this source is different from them.

General Activities

1. As a group, list as many games as you can see in the painting. Do you think that they would have changed much since, say, Roman times?

2. Make a list of the games played in your school at break or lunchtimes and compare the two lists. Think about why they are so different.

3. Make a list of questions about what games were played by children sixty or seventy years ago. Ask an elderly local resident, who perhaps went to your school, to answer these questions.

4. Research into games that were played by Roman and Victorian children and make a timeline of children's games through the ages. Mark on the timeline the period of greatest change.

Tudor Kings and Queens

29

KEY QUESTION

Why did Elizabeth have this painting made?

The source

The picture was commissioned by Elizabeth I in the 1560s and is displayed at Sudeley Castle in Gloucestershire. It shows Henry VIII; a kneeling Edward VI; Mary and her husband, Philip of Spain; and Elizabeth. The painting also shows Mars, the god of War, on the left and the goddesses of Peace and Plenty on the right.

Why was it chosen?

a) to show that people from the past often wanted their view of their families to prevail; **b)** to demonstrate the meaning of terms such as 'symbolism', 'bias' and 'propaganda'.

Learning Outcomes

Pupils will:
- look beyond face value in portraits etc;
- recognise and look for elements such as symbolism, propaganda and bias in sources;
- understand how this can be done through their own interpretation of the Tudor monarchs.

Background information

Elizabeth commissioned the picture to show her version of the Tudor dynasty. It totally ignores Henry VII (1485-1509) and concentrates instead on Henry VIII (1509-1547). Edward VI (1547-1553) kneels, almost as a mini version of his father, whilst Mary (1553-1558) stands with her husband Philip of Spain and Mars, the god of War.

This indicates that Elizabeth considered that the Marian years and the marriage to Philip were recipes for conflict, whereas she stands next to the godesses of Peace and Plenty.

Source Card Activities

1. Identify the kings and queens in the portrait. Discuss what you notice about the Tudors. Think about the sources that the artist would have used to paint people who were already dead.

2. Work out what messages Elizabeth wanted the artist to give and complete the sentences:

   (a) Elizabeth wanted the painting to tell us that Queen Mary's reign was a time of...............
   (b) Elizabeth wanted the painting to tell us that Henry VIII was...............
   (c) Elizabeth wanted the painting to tell us that Edward VI was...............
   (d) Elizabeth wanted the painting to tell us that she was...............

3. Try to work out why Henry VII is not in the family painting. Compare your answers.

4. Find the meaning of 'symbolism', 'propaganda' and 'bias'. Can you see them in this painting?

General Activities

1. Collect and photocopy portraits (head and shoulders or full length) of the Tudor monarchs. Make your own Tudor family portrait as a collage. You will have to decide who will be in the portrait, how large each monarch should be, where they should stand etc. – in other words, you have to decide what message you want to give.

2. When you have finished, show the collage to someone else /another group and ask them what message they think you are trying to give.

William Morgan and the Bible in Welsh

The source

A modern illustration showing William Morgan, created especially for a set of postage stamps.

Why was it chosen?

a) to show that representations are made to mark special occasions; **b)** to show that a large amount of imagination has to be used where little or no evidence exists.

Learning Outcomes

Pupils will understand:

- that images are sometimes created to celebrate special events;
- that where little or no evidence remains, it is acceptable to use imagination in an informed wa;
- that historians and artists in 500 years time will have far more evidence to call on when they commemorate events of today.

Background information

Church leaders in Tudor times believed that it was the priest's job to explain the message of the Bible to the people, so there was no need to translate it from Latin. Religious reformers such as Luther believed that ordinary people should be able to read the Bible, or have it read to them, in their native tongue. Although there was often opposition, the Bible was translated into many different languages during Europe's Protestant Reformation, including English in 1535.

By 1539 Henry VIII had commanded that a copy be placed in every church in the kingdom. But many people in Wales could not understand English. During the reign of Elizabeth I leading Welsh scholars petitioned Parliament for a Welsh Bible and in 1563 an Act was passed ordering its translation and use in every church in Wales. The task was to be completed in five years. The New Testament in Welsh, translated by William Salesbury, was published in 1567, but it was difficult to read and not popular. In 1570 William Morgan began a new translation. Morgan was vicar of Llanrhaedr-ym-Mochnant and spent much of his spare time on the work. With the support of John Whitgift, Archbishop of Canterbury, the Bible was published in 1588 and placed in all Welsh churches alongside the English version.

The translation was a great success and was acclaimed by the Welsh bards as 'a peerless gift to the Welsh'. One parson even told his parishioners to 'sell their shirts to buy a Bible'. William Morgan was rewarded by being made Bishop Llandaff, and later Bishop of St. Asaph. The Bible gave the nation a standard language and a book that all could read, which was important in a country without a university or central cultural body.

Source Card Activities

1. Work out why this source was created and find out what other event was celebrated in 1988.

2. Using a highlighter, colour in the parts of the stamp that the artist could be sure about. In another colour, mark the areas that the artist could not be sure about. Talk about what you see.

3. Write a list of facts about William Morgan that would have helped the artist to create this picture.

4. It is the year 2500, and you have been asked to create a stamp to celebrate the 500th anniversary of the new millennium. What resources from the time will you be able to use when you design your stamp?

General Activities

1. Look at the pictures of people in the church at the beginning and end of the book 'William Morgan and the Welsh Bible' (Gwasg y Dref Wen). What do these tell you about what the artist thought the effect William Morgan's Bible had on ordinary people?

2. Research and write your own stories about William Morgan. Talk about how they are the same and how they are different.